Money rules of Jewish millionaires

ユダヤ人大富豪に学ぶ
お金持ちの習慣

星野 陽子
Yoko Hoshino

SOGO HOREI PUBLISHING CO., LTD

はじめに

知恵という〝財産〟が、生き残りのカギ

「6億円」と聞いて、あなたは手にできると思いますか。できないと思いますか。残念ながら「できない」と思う人の方が多いかもしれません。私もそうでした。しかし今、私は6億円相当の不動産を手に入れ、さらに、本業の翻訳と執筆活動でも収入を得ています。

なぜそれが実現したのか。

それは、ユダヤ人大富豪から教わった、「お金を得るための知恵」を身に付けたからです。「**お金持ちの習慣**」と言ってもいいでしょう。

景気の悪化や税制の変更、ハイパーインフレなどが起こった場合、私は、今持っているお金や物件を失ってしまう可能性があります。しかし、身に付けた「お金持

ちの習慣」だけは、誰も奪うことができません。〝財産〟になり得るのです。しかも、ノータックス。税金はかかりません。

ユダヤ5000年の歴史の中で世代から世代へ受け継いできたこの目に見えない〝財産〟は、これまで数多くのユダヤ人を救ってきました。彼らの壮絶な歴史は、一言では言い表せません。何度も迫害を受け、モノや家やお金を奪われ、ビジネスや人間関係を築き上げた場所から追放されてきました。しかし、彼らはそのつど〝奪われない財産〟を使って、再びゼロからビジネスや富を築いたのです。

ではその〝奪われない財産〟とはいったい何なのかと言うと、

1. ユダヤ思考（論理的な思考、投資的な思考）
2. 自信
3. 目標
4. 師
5. お金の知識

です。**「稼ぐ要素」**とか**「サバイバル力」**とも言えるでしょう。

5つも、と思うかもしれませんが、たった5つ、とも考えられます。複数のこの大切な知恵を私が身につけることができたのは、〝わがままだったから〟とも言えます。**人生の選択において、「いずれかを選ぶ」人生から、「全部選ぶ」人生に、自らが変わっていったのです。**

20代の頃、私は、得た収入のほとんどを湯水のごとく消費していました。当然、貯金はほぼゼロ。資産もありません。恥ずかしがり屋の性格とは裏腹に、お金の使い方は大胆かつ自由奔放で、〝お金の貯まらない女道〟を爆走していました。そんな中出会ったユダヤ人の元夫との生活が、その後の私の、お金に対する考え方を激変させました。お金を元手にいかに「賢く立ち回るか」を叩き込まれ、お金のノウハウを身につけた私は、徐々にお金を貯め、稼ぐことができるようになったのです。

また、「お金」に関心を持った私は、不動産投資で成功した義父や様々な富豪、メンターから事業家精神や不動産投資を教わったことで、「稼ぎ続ける力」が身につきました。不動産資産は6億円を超え、本業の翻訳業でも、年商２０００万円を何年も達成しています。

今、私たちを取り巻く環境は大きく変わり始めています。

リーマンショックに代表される金融危機、リストラ、年金問題……今は関係ないと思っていても、必ずあなたの身に降り掛かってくる問題ばかりです。

昨年1年間に結婚した夫婦の数は66万８７８８組で、戦後2番目に少ない数となりました。初婚の平均年齢は男性が30．８歳、女性が29．２歳と、男女ともにこれまでで最も高くなり、晩婚化が進んでいます。

また、厚生労働省の２０１２年推計によると、夫婦の3組に1組が離婚する時代とも言われています。

もし地震が起こって大切な人や家族を失ってしまったら？　離婚しなければならなくなったら？　万が一の出来事にも対応できるよう、今のうちからあなた自身が

「お金持ちの習慣」を身に付けておく必要があります。

この本でご紹介する、人の心理を読み、お金を集める仕組みづくりに長けているユダヤ人のやり方は、日本人の私にとっては驚くべきものでした。しかしそのやり方は、**意識すれば必ずできるようになります。身につければあなたの「武器」にすらなり得ます。知っているか、知らないかで、5年後、10年後、得られる金額も確実に変わってくるのです。**

どんな時代の変化があろうとも、あなた自身でお金を稼ぐ「お金持ちの習慣」を、この本を通じて身に付けていただけたら幸いです。

星野陽子

プロローグ

タルムード（ユダヤ人の教えが書かれた聖典）の中に、こんな説話があります。

刑務所に捕らえられたユダヤ人が、ある日、脱走します。なんとか刑務所から離れた場所についた彼はバスに乗るのですが、運悪く検問に遭遇。自分を捕らえていた国の兵士が乗り込んで来て、乗客は全員、パスポートを出すように言われます。当然、彼は持っていません。最後部席に座っていた彼は、刻一刻と近づく兵士の足音に心臓が破れる思いをしながら、何とか乗り切る方法を必死に考え、ぎりぎりのところでいいアイデアを思いつきます。それは、後部座席周辺の乗客全員のパスポートを集めて、言われる前に兵士に差し出す、という方法でした。

虚をつかれた兵士は、彼を住民だと勘違いし、逮捕することなくそのまま降りて行きました。彼はめでたく刑務所から解放されたのです。

ユダヤ人はこのように、とにかく頭を使うことが得意です。幼少から、答えを誰かに「求める」のではなく、「考える」訓練を受けているので、新しい発想を考えついたり、それを実行することに長けています。フェイスブック創設者で2012年、上場を果たしたフェイスブックCEOのマーク・ザッカーバーグがユダヤ人であることも、うなずけるでしょう。

＊

私は短大を卒業後、中小企業の海外営業部で輸出業務をする事務員として働いていました。はた目には、仕事をきちんとこなし、仕事の後は英会話学校に行ったり、遊びやデートに忙しい活動的な女性と映っていたかもしれません。しかし、私は、当時から既に結婚に焦っていましたし、「お金が貯められない」「将来何をしたいのかわからない」という悩みを持っていました。

特に、住宅にはコンプレックスを抱いていました。自宅は四畳半の部屋を妹とシェアしていたため自分の空間はほとんどなく、将来は広い家に住みたいと思っていたものの、心のどこかで、自宅を所有するのはきっと無理なのだろう、とあきらめの気持ちがありました。

しかし、今の私は、結婚をして（離婚もしましたが笑）、子どもを2人授かりました。夢だった自宅を建て、犬を飼い、投資用物件（6億円相当）を持ち、翻訳業、不動産賃貸業、執筆業の3つの柱で稼げるようになりました。

お金に縁のない状態から今の状態になった背景には、結婚した相手のイスラエル国籍のユダヤ人の元夫や義父、そして大富豪の教えがありました。その他、多くの方々からご教授を得て、**倹約することを覚え、「お金持ちの習慣」が身についた**のです。

お金の話を「はしたない」と思う人もいるかと思いますが、お金はとても大切なものです。**お金があると「安心」と「自由」が得られます**。そうは言っても、そんなに簡単にお金を得ることができない、と思われるかもしれませんね。私もそうでした。しかし、年収数千万円でも貯金がゼロの人もいれば、年収が低いとされる人たちでも、たくさんの貯金を持ち、安心して楽しく暮らしている人たちもいます。**しっかりとお金に向き合っている人は、いずれもお金に困っていないのです。**

漠然と不安を抱えている人が多いかもしれません。私もそうでしたが、今は「お金持ちの習慣」を身に付け、「どうにかなる」と信じています。実際、「どうにかなっている」のです。

本書では私がユダヤ人大富豪をはじめ、数多くのメンターやお金持ちから学んできた「お金持ちの習慣」をご紹介します。しかし、この本は「行動」を「お金」に変える教えを書いていますので、**「行動しない人」に「お金」はついてきません。**どうか本書をお読みになって、行動を起こしてください。

あなたのお金に関する不安が減って、お金のことを考えるとワクワクするようになれば、これほど嬉しいことはありません。

もくじ

第2章　仕事をしながら身に付けたい「お金持ちの習慣」

第3章　稼ぎを加速させる「お金持ちの習慣」

第1章

一生あなたの武器になる お金持ちの習慣

どんなに頑張っても、
それがお金を生まなければ〝頑張り損〟です。
この章では、私が6億円の資産を得るまでに得た、
ユダヤ人大富豪の「お金持ちの習慣」を中心に
お伝えします。

「Why?」「Because ～」で思考を鍛える

ユダヤ人をはじめ、英語を母国語とする友人によく「日本人は考えていない」と言われることがあります。

レストランに入ってメニューにない「白ご飯」を注文したアメリカ人の友人がいました。どんぶり専門店だったらしいのですが、メニューのどれも食べる気がしなかったそうです。そこで彼女は、ただの白ご飯をリクエストしました。ところが、店員さんは困った様子で「できません」の一言。「同じ値段を払うから」と食い下がっても、「メニューにないので」の一点張り。マニュアルにないことは考えない。「考える」という選択肢すら思い浮かばないのかもしれません。この程度のことが自分の判断でできなければ、ロボットが接客しても一緒ではないでしょうか。

ユダヤ人で経営者の夫と結婚してから私は、よく質問攻めに遭いました。やることなすこと、「Why?」と聞いてくるのです。

批判したりとがめたりするときも「Why?」と聞いてきますが、そういう感情がないときも、彼は何に対しても質問してきました。私が「Why?」に対する答えに屈すると、頭を指しながら「Think!」と言われる始末。私は考えていないわけではなく、自分の考えを細かく説明することに慣れていなかったのです。

しかし、「Why?」と聞かれたことを答えているうちに、イスラエルやアメリカやイギリスなど、英語を母国語とする人たちの思考回路みたいなものがわかるようになってきました。これは後に日本語から英語の翻訳をする上で強力な武器となりました。いくら英語が文法的に正しくても、多くの日本人がやってしまう非論理的な翻訳は、英語を母国語とする人たちには理解しにくいものです。

普段行っていることや、目にするもの１つひとつに対し「Why?」と質問して、「Because」で答えてみてください。「当然」と思うことも「Why?」と質問してみましょう。

「なぜ6時に起きるのか？」
「なぜ満員電車に乗るのか？」
「なぜその雑誌をいつも買うのか？」
「なぜその会社で働いているのか？」

やらなくてはならないと思っていたことが、実はやらなくても問題ではない、ということもあります。時間のムダをなくすためにも、ぜひ試していただきたいと思います。

『何が、会社の目的を妨げるのか』（ラミ・ゴールドラット著、岸良裕司監修、ダイヤモンド社）によれば、世界的ベストセラー『ザ・ゴール』の著者であるゴールドラット博士は、人が他人から「天才」と呼ばれるようになる方法があると語っていたそうです。それは、**因果関係で考える訓練を重ね、頭を鍛え続けること**です。

「ものごとの原因と結果のつながりを常に考えていく。それは、論理的に考える訓練でもある。原因と結果をつなげる訓練をすればするほど、論理的に考える力は強くなってくる」

あなたもぜひ、原因と結果をつなげる練習をしてみてください。

「なぜそれをするのか」を突き詰めると本質が見えてくる

真実を疑う目を持つ

「Why?」と質問して、「Because」と答えるという練習をくり返した私はやがて、人によく質問するようになりました。最初は「させられた」という感じでしたが。

「こんなつまらない私が、人の邪魔をしてはいけない」という気持ちもあったのか、私は道を尋ねることもできなかったのです。ところがユダヤ人の元夫は日本語がわからないので、私にいろいろと聞くように頼みました。家電量販店で「これが安くならないか聞いて」などと言われたときには、「ええっ！　無理、無理」と速攻で断りました。しかし、「どうしてそんな簡単なこと、聞いてくれないんだ！」と責められて、ケンカになってしまうこともありました。

そのうち、ケンカになるぐらいなら聞いたほうがラクだと思うようになり、「これ、安くなりませんか？」などと口が裂けても言いたくないことを聞いたりしました。今では、友人にさえなんでも値段を聞いてしまい、「まあ、高かったですよ」「いい金額です」などとはぐらかされて、「はしたなかったかも」と思うほどです。

日本人なら不快に思うかもしれないことでも、「どうしてですか？」と核心に迫る質問をすることがあります。しかし、意外と心を開いて話してくれる人が多いものです。初対面でも仲良くなれる人、と言われることが増えてきました（失礼にならないように気をつけなくてはいけませんが）。

ユダヤの教えでは「**自明なことは何一つない**」のです。ですから、教師や指導者の教えに対しても異を唱えることが可能ですし、教師たちも質問するようにうながします。ユダヤ人に何を聞いても答えますし、逆に「失礼ではないか！」と思うようなことを聞かれたりします（「日本人の女性の脚はどうして曲がっているの？」「そんな細い目で見えるの？」など）。

元夫はよく、ニュースを見て「It is a lie!（嘘だ）」と言っていました。私はニュースで嘘の報道をするわけがないと思っていたので驚きましたが、いつも彼の説明には一理あったものです。

たとえば、ポジショントークという和製英語があります。投資家はいわゆる専門家の解説やコメントを参考に投資をしたりします。ところが、その専門家が、自分のポジション（自分の買ったり売ったりしている金融商品など）に有利になるような解説やコメントをしていることがあるのです。また、テレビのニュースでも、英語の翻訳が違っている、ということもよくあります。

ニュースや誰かの教えは、簡単に信じない

あなたも、「どうして？」「本当？」と考えるくせをつけてみてください。もちろんこの本に対しても、です。そうすることで、本質が見えてくると思います。

学歴のなささえ武器にする

義理の両親は、資産をゼロから築いた人たちでした。義父は、幼少のときにポーランドからイスラエル（当時はパレスチナ）に移住。その父親は運転手で、母親は倹約をし、お金を貯めては追放などの万が一に備え、持ち運び可能かつ各国で換金可能な金貨に変えていました。

貧しい家庭に育った義父は、14歳の頃から金型を扱う小さな工場で働いたと言います。21歳のとき、18歳だった義理の母と結婚。兵役（イスラエルでは満18歳で男子は3年、女子は2年の兵役が課され、予備役もあります）の後、自分で小さな工場を始め、昼夜を問わず熱心に働いたそうです。

次第にお金の貯まった義父は、小さな土地を買って工場を建てました。そのうち、土地を見つけ、融資を受け、建物を建てる前に、図面の段階で不動産を売る不動産事業も営むようになりました。ショッピングの中心になりそうな場所を選ぶ先見性を持っていたため、その事業も成功。不動産やシステムの「弱点」を見つけて安く買い、その弱点を克服することで大きな利益を得るというようなこともしました。困難を様々な方法を考えて打開するのが得意だったそうです。

義父の強みは次の3つでした。

1. モチベーションが高かったこと
2. 夢を描く力を持っていたこと
3. 十分な教育を受けなかったこと

3の「十分な教育を受けなかったことが強み」とは、不思議に思われる方もいらっしゃると思います。これは、「十分な教育を受けていなかったがゆえに、思考が慣例にとらわれておらず、型破りな方法を考えつくことができた」という意味です。

また義父は、母国語でない英語も積極的に話す人で、思いを伝えようという意志が全身からみなぎっていました。

日本のビジネス界の経営者にCoco《ココ》壱《イチ》番屋を全国区へ押し上げた宗次徳二《むねつぐとくじ》さんという方がいます。彼も高卒と、決して学歴が高いわけではありませんが、「業界の常識は知らなくていい」という考え方を持っています。

学歴のないことを「どうせダメだから……」とコンプレックスに思うのではなく、「だからこそできる」と思うことで、新しい発想が生まれてくることもあります。

あなたもぜひ、「学歴のなさを武器にする」くらいの強い気持ちで、変化の激しい今の時代を乗り切っていただきたいと思います。

学歴のなさは、新しい発想に転換できる

「目指す自分」を思い描く

「セルフイメージ」という言葉をご存知ですか。「自分の考える自分」という意味です。自分にポジティブなイメージを持てるかどうかで、結果は変わってきます。

長年、セルフイメージを低く持ち続けていた私は、何かやるとき必ず「できない」と思ってしまい、悪い結果を引き寄せていました。ルックスも良いわけではないし、頭も良くない。お金も持っていなければ、特別な才能もない……人前に立つのも苦痛でした。

しかしあるとき、義父など成功した人たちを見て、とても簡単にセルフイメージをよくする方法に気がつきました。

それは、**「できる!」と思うことです。**

成功している人たちは、総じて堂々としています。一見、そうでもない人たちもいますが、話してみれば自信にあふれていて真の強さを感じます。

「できる自分」をイメージするだけで、行動と引き寄せる結果が変わってくるから不思議です。「自分は重要な人物だ！」「お金はいつもあり余るほどある！」と、**自分の目標像を思い描くことで、結果を引き寄せることができるのです。**

仕事をしていると、できるかどうか、不安に感じることもあるかと思います。**そんなときこそ、「できる」と思ってやってみていただきたい**のです。

私自身、翻訳の仕事をしていますが、ときに思いがけず、難解な文書が届くことがあります。そんなときは必ず「できる」とイメージしてから取りかかります。「できないかもしれない」「理解できなかったらどうしよう」と最初に思うと、落ち着けばわかるようなことも、わからなくなってしまうことがあるからです。締切前で時間がなく、じたばたしているときも、あえて数十秒目を閉じて深呼吸して、ゆっくりと「できる」イメージをしています。

最初の頃は当然、「できる」という思いが頭の中に定着しませんでした。そこで、寝る前や朝、目を覚ましたときに軽く目を閉じて、「できる自分」をイメージするようにした結果、不思議とできるようになりました。

稼ぎ続ける人は、継続できる人です。

常に思う必要はありません。最初は「朝だけ」などと決めてやるようにすれば、きっとあなたも「できる」ようになるはずです。

「できないかも」ではなく、「できる」と考えよう

「世の中のためにしなければならないこと」を意識する

「母は強し」という言葉があります。私は子どもを産んだ後、自分を１００％信じ頼ってくれる存在ができたことで、パワーがみなぎってきました。乳幼児２人を抱えて、精神的、そして肉体的に苦しい時期でも、どうにかがんばれたのです。

このパワーは、子ども以外からも得ることができます。それは使命、すなわち、**「あなたが、世の中のために、しなくてはならないと感じること」**です。世の中のためにやらなくてはならない、と感じることはないでしょうか。自分のつらい過去の経験から、その思いを他の人にさせたくないと願い、日夜がんばっている人たちがいらっしゃいます。また東日本大震災のときに、自分が人の役に立ちたいと思った人も多いのではないでしょうか。

私の場合は、虐待などでかわいそうな目に遭っている子どもたちや、「処分」されてしまう犬や猫を助けることが使命だと思っています。

自分の経験からは、それが使命だ、と意識してからは、使命が自分を動かしているような感じがしています。人前に出るのは好きではないのですが、その使命のためなら、特にそれも気にならなくなっている、という感じなのです。

マザー・テレサは、「貧しい人びとのなかのもっとも貧しい人びとに仕える」ということを使命に、世界に愛を与えていました。

ユダヤ人の場合、「世界を、よりよくする」という使命が与えられています。「不完全」とされているこの世界を、その優れた才能をいかんなく発揮することで「完全なもの」に近づけ、自分たちも神の御心に近づけると考えているのです。

ユダヤ人でなくても、大きく成功している人たちは必ず使命感を持っています。あなたもぜひ、「自分だけがよければいい」と思わず、世界のために何ができるか、考えてみてください。あなたがその使命に邁進すれば、それは自ずと世のため、世界のためにつながっていきます。同時に、**使命はあなたを強くし、支えてくれるこ**

とでしょう。

使命を持てば、強くなれる

好きな分野で「専門家」になる

　自分が好きなことや得意なものを学び、その技術を磨くことは、「目標とする自分」を引き寄せます。得意分野を突き詰めると、それで生活ができたり、職業にすることも夢ではありません。

　たとえば、次のものがあります。

・株が得意　↓　投資家
・ラーメンが好き　↓　ラーメン評論家
・おもちゃのコレクションが趣味　↓　おもちゃ博物館館長
・読書が好き　↓　書評家

趣味からスタートしたとしても、学び続けることでプロの領域に達し、今ではその職業で暮らしている人もいます。私の場合は、絵本が好きで、絵本の翻訳の勉強をしたことがきっかけで、翻訳を職業とすることになりました。「好き」を「稼ぎ」につなげると、楽しいことができ、お金も入ってくるので、とてもいい状態です。

何かの専門家と認められるには、おおよそ1万時間（毎日3時間×10年間）を費やす必要があると言われています（『天才！ 成功する人々の法則』マルコム・グラッドウェル著、勝間和代訳）。10年も！ と思われるかもしれませんが、時間はあっという間に過ぎていくものです。努力すれば、もっと短期間で専門家になれるかもしれません。また、仕事や趣味である程度の積み重ねがあれば、1年ぐらいで専門家になれるものもあるでしょう。

興味を持つものがあったら、まずはやってみてはいかがでしょうか。「いつか専門家になる」という意気込みで日々を過ごしてみて、それでも情熱が持てないなら思い切ってやめる。そして、新しく興味を持てるものを探してみるのも、一つの手だと思います。数年後には成果がでて、自分の今の仕事にはない、新しい可能性を見つけることができるかもしれません。自分の心の声を聞いて、**やりたいと思うことに今すぐ許可を出してみてください。**

やりたいことに素直になろう

大きな目標を持つ

離婚をした私は、「稼ぐ」だけでなく「お金に働いてもらうこと」を本気で考えるようになりました。というのも、子どもが将来、「医学部に行きたい」と言ったとき、「お金がないからごめんね」と言うのは絶対に嫌だったのです。そこで私は、「息子を2人とも医学部へ行かせることのできる金額」を目標にすることにしました。かなり高い目標です。

このような**「思い」とか「目標」があると、行動を起こしやすくなりますし、どうやって達成しようかと考えるようになります**。ばくぜんと「お金が欲しい」と思っているだけでは、夢は夢のままです。

ユダヤ的な方法では、この目標設定においてひとつポイントがあります。それは、「**思いきり大きな目標にする**」ということです。あなたが「3年間で300万円、貯められたらいいなぁ」と思っているとしましょう。サラリーやボーナスをつぎ込めばどうにか貯まるのではないか、という数字かもしれません。

その場合、5000万円を目標にしてみるのです。5000万円であれば、一般の人でも貯めたという人たちの話が本や雑誌に、少しは載っています。その話を参考にしたり、投資やビジネスも検討したりして、なんとか5000万円の貯金を達成する方法を一生懸命、考えてみるのです。すると、300万円どころか、「1000万円の貯金は達成できるかも」と感じられるから不思議です。

お金を貯める場合、0の状態から100万円貯めるのは確かに大変ですが、100万円ある状態で300万円貯めるのは、少しラクになります。そこから1000万円に至るまでは、貯めるスピードも早くなり、それ以前よりも貯めることに対する苦労が減るものです。

お金の例を出しましたが、その他のことでも同じことが言えます。私も家を建てる、犬を飼う、本の出版をするなど、当時はいずれも自分には無理ではないか、と思うようなことでした。しかし今、達成しています。ある意味、目標設定ができたら「勝ち」。あなたもきっとできるので、ぜひ素直な気持ちでやってみてください。

目標は極端に大きく設定しよう

一分一秒に本気で向き合う

「お金と時間、どちらが大切か」という質問を受けて、あなたは何と答えますか。私は迷うことなく「時間」と答えます。

お金は努力することで増やしたり、貯めたりすることができますが、**時間を貯めることはできません。一度失うと、二度と戻ってこないものでもあります**。ユダヤ人もよく時間を「本当に希少な資源だ」と捉えます。

フリーになってはじめてまとまったお金が入ったとき、私は、当時あまり普及していなかった食器洗い機を購入しました。一秒でも長く仕事に時間を使えるように投資したのです。次の仕事がきてお金が入ると、衣類乾燥機を購入しました。その後、家事はシルバー人材センターの家事サービスを頼むことにし、一週間に2〜3

回、掃除やアイロンがけをしてもらったのです。

そのときの収入は、大きな仕事が入らなければ、月に５万円もいかない状態でした。ですから、家事サービスを頼んでしまうと、残るお金はあまりありません。しかしそのときは、自分の仕事の時間を一分一秒でも長く確保するために、そのサービスを利用したのです。

他にも私は、普段からできるだけ特急列車に乗るようにしています。お金はかかりますが、そのぶん必ず座れるので、休息や睡眠をとることもできますし、場合によっては仕事もできます。移動時間を有効に利用して、時間を「作り出す」という感覚です。

また靴下も、同じブランド・同じ柄のものを買い揃えるようにしています。選ぶ時間をなくすことで他の時間に注力できますし、急いでいるときなど、慌てずに済むからです。

「毎日、今日が『最初の日』と思え。毎日、今日が『最後の日』と思え」というユダヤの格言があります。これは、一日一日が全人生であり、一分、一秒が全人生という意味です。

今日が「最後の日」だと思えば、誰もがその日を充実した一日にしようと努めると思います。また、同じく「最初の日」であると思ったら、気分も新たに、新鮮な一日を送ろうとするのではないでしょうか。

あなたは今まさに、一瞬一瞬を生きているのです。

ぜひ、時間をどうしたら増やすことができるのか、考えてみてください。

時間を捻出するために「投資」を惜しまない

5%余分に努力する

仕事の成果を少しでもお金につなげたいと思っていた私は、いつも「5%だけ余分に努力する」ように心がけていました。

5%と言っても、きちんと計算するわけではありません。限界だと思ったその時点から、手掛けている仕事の量を〝もう少しだけ〟余分にしたり、将来に向けて種を蒔いたりするのです。

在宅で仕事を始めてしばらくたった頃は、かなりの量の仕事を引き受けていたため、その仕事と育児と家事だけで、どう考えても時間が足りない状態でした。しかし、1年後、5年後、10年後にどうなっていたいか、ということを同時に考え、将来に向けて行動することも必要だと感じていました。**なぜなら、何か起こったとき**

にじたばたしても、間に合わないからです。

子どもが産まれた頃は、

「広々とした自宅で、子どもをのびのびと育てたい。犬を飼って、犬をかわいがる子にしたい」

と妄想し続けました。どんなに忙しい毎日でも、**ほんの少し時間をつくって、その夢のためにアクションを起こすようにした**のです。

建築に関する書籍を読んだり、インターネットで土地や中古物件を探してみたり、ショールームへ行ったり……。検索したり、資料を取り寄せるなど、ちょっとしたことでもいいので、何かすることを心がけました。その結果、自宅を建て、犬を飼うという夢が実現したのです。

離婚を考えてからは、「子どもたちを路頭に迷わせないために、投資の勉強は必須」と思い、投資の勉強をし、不動産の賃貸を始めました。また、「強みを見つけたい」という漠然とした気持ちで始めた勉強は、出版という夢につながっていきました。

出版という夢をかなえた今は、「より良いものを書けるようになりたい」と思っているので、文章を見てもらったり、文章に関する本などを読んだり、数百万部を売っているような著者のセミナーで勉強したりしています。近い将来に達成したい夢は、著名なユダヤ人にインタビューすることなので、インタビューの上手な人がインタビューしているところなどを見に行ったりしています。

このように私の「勝ちパターン」は、自分に投資をしたことがベースになっていますが、**自分に対する投資が一番**であることは、ユダヤ人であれば誰もが知っています。

というのも、彼らの歴史は迫害や追放のくり返しというような過酷なもので、いつ資産が奪われてしまうかわからない状況にずっといたからです。奪われないものは、いわば「自分の頭の中だけ」だったのです。

現在、私たちは大きな変化の中にいて、どんな逆境に遭遇するかわかりません。**自分に投資して、いろいろなことができるようになるのがいい**と思います。

『古代ユダヤ賢人の言葉』（石井希尚編訳、ディスカヴァー・トゥエンティワン）のコヘレトの言葉11章4節に、こんな言葉があります。

「風を警戒している人が種を蒔かないように、迫りくるであろう問題やマイナスばかりに目を留めている人は、チャレンジすることをしない。同じように、雲を見上げて、雨が降るかもしれないとひるんでいる人は、収穫もしない。起こるであろう問題に目を留めていれば、結局何も得ることもなく終わってしまう」

まずは種を蒔いてみませんか。芽が出なければ、また蒔けばいいのです。それでもダメなら種類を変えて蒔いてみましょう。いずれ必ず芽は出ます。

毎日少しずつでも自分に投資し続ける

質の高いセミナーにはどんどん行く

たとえ高額でも、質の高いセミナーには好んで参加しています。費用が高い分、講師が無料セミナーやネットで公開しない有益な話をしてくれますし、何より、いい情報には、いい情報を持つ方が集まってきます。

参加者の中には、地方からわざわざ泊りがけで話を聞きにくるような意識の高い高齢の経営者やその子どもたちなどもいらっしゃいます。ふだん出会わない方とも出会えるため、お話をさせていただくと、とても刺激になります。

また、私のような自営業者や経営者は、セミナーが事業に関係していれば会社で費用を負担していますが、給料をもらっている人たちは自腹のことも多いので、一言も聞き漏らすまいと、必死に聞いています。そのような参加者を見ていると、やる気をもらえます。

「水と安全とサービスと情報はタダ」と思う方も多いかもしれませんが（最近は水にお金を払うのも普通のことになってきましたが）、それは違うと思っています。いい情報はお金を払ってでも取りに行った方が後々プラスになることもしばしばです（とはいえ、質の高い情報を持っている人たちと友人関係になれば、お金を払って聞きに行く必要はなくなるのですが）。

では、どんなセミナーを選べばよいのでしょうか。私はいつも次のような判断基準で講師を選んでいます。

・実績がある
・非道徳的ではない
・偏った考えを持っていない
・日ごろインプットに多大な時間とコストをかけている
・普通の人がなかなか会えない著名人や経営者、学者などと交流があるタイミングもとても大事で、「行きたい！」と思ったセミナーには、直感を信じて、万難を排して参加するようにしています。そこで聞いたり学んだり会ったりした人からは、「偶然」ではすまないことを感じることも多いですし、講師と直接会える機会がその後になかなかないこともあります。『ザ・ゴール』の著者のゴールドラット氏の講演も、テーマには関心がなかったので参加を迷いましたが、すでにユダヤ人研究を始めていたため参加しました。ゴールドラット氏はその後亡くなったので、その熱意ある講演に参加できてよかったと思います。

また、直接お金に結びつくセミナーではありませんが、高齢のオピニオン・リーダーの方々の話もまた貴重です。テレビなどでは聞くことのできない厳しいことを本音でおっしゃるので、衝撃を受けるほどです。毅然としていて、文句があるならかかってこい！　という印象です。戦争を体験している人としていない人では、ものごとを見る眼が全然違うのではないかと思いました。認識が変わるほど、別の見方をする人の話を聞くのはとても新鮮です。**ものの見方が多角的になればなるほど、問題解決能力も高くなりますし、本質に近づけるのではないか**と思います。

また企業の経営者やリーダー的な立場にいる人だけでなく、今後は、**個人で働く人は、そのような多角的な見方や、稼ぎ続けていくための戦略を持つことが重要**ではないでしょうか。

程度の低い発言や過激な発言をして叩かれることを怖がって、インターネットでは非難されないよう気を遣い、無難なことを言ったり書いたりしている人は多いかと思います。本当のところがどうなのか、テレビやインターネットなどではなかなかわかりません。しかし、セミナーなどに行けば、本音で話してもらえることが多いです。

たとえば不動産投資や事業の経営では、税金の知識が必要です。税理士さんから、「こういう節税方法がある」と持ち掛けられることはあまりなく、自分でそういう知識を得て「こういう節税がしたい」とリクエストすることが多いものです。

稼ぎを継続していくためには、**自己流で投資をするよりも、経験者で、しかも成功している人の話を聞くのが、早道です**。ある程度書籍などで学習して、その価値がわかるレベルに達したら、高額でも、質の高いセミナーに思い切って参加してもいいのではないでしょうか。

いい情報には、いい仲間が集まってくる

ふだん行かない場所に行く

私のいた外資系の会社では、自分の能力を上司やまわりにアピールすることが大切でした。外国人はそれほどいないセクションでしたが、留学したり、外国に長く暮らしていた人たちなどもいたため、外国のような独特の雰囲気がありました。自分の意見をはっきりと言う一方で、反対意見も聞くことができる人たちが多く、陰口を言う人などいません。職場の雰囲気が自分に合っていると思いました。

とはいえ、「できる」自分をしっかりアピールする女性が多いのには驚きましたし、正直、ついていけないと感じたこともあります。やっていけるか不安でした。しかし意外にも、1年後には自然とアピールできるようになっていたのです。

テレビなどで、ランナーたちがまわりのランナーに合わせて固まって走っているのを見たことがあると思います。あれと同じです。まわりの人たちについていけるのか、最初は不安でしたが、仕事をしていくうちに、意外とまわりに合わせて走っていくことができることを発見しました。

日本の社会では、自分の意見を言ったり、目立つことは慎重にしないといけません。一方、アメリカやイスラエルなどでは逆に、発言しなければ、その場に貢献していないとみなされます。自分の意見をストレートに言えるのは、意外と気持ちのいいものだと知りました。引っ込み思案だった学生時代の私からしたら、信じられないことです。

転職を気軽におすすめすることはできませんが、セミナーとか、パーティーとか、読書会とか、自分が行きそうにない場所に自分を置いてみる、というのも、新しい発見があっていいかもしれません。慣れたところにばかりいると、感覚が鈍くなり、なかなか成長しません。全く話したことのないタイプの人たちや、違う年代の人たちと積極的に話してみましょう。

ふだん行かない場所に行くと、新しい発見がある

外見を変える

「服はペットボトルのラベルのようなもの」と教えてもらったことがあります。ラベルは、ペットボトルの中身を表示しています。ペットボトルの飲み物を選ぶとき、私たちはラベルを見て選びます。服も同じで、**人に選ばれるラベル（服）であれば、チャンスが増える**のです。

著者になり、人前で話す機会も増えた私は、私をそういった場に招待してくれる方や読者の期待を裏切らないためにも、服装に気を遣うようになりました。普段は何を着てもいいと思いますが、仕事のときや何かの役割を持って行動するときには、見た目にも戦略があったほうが効果的です。

以前の私は、恥ずかしながらファッションにあまり興味がなく、自分の見た目も気にする方ではありませんでした。しかし、たまたま参加した「見た目」のレッスンで学んだことを実践すると、出会いや仕事のチャンスが増えることに気がつきました。それ以来、見た目にも投資をしようと決意したのです。

見た目に投資をする時間がない、と思っていましたが、勝間和代《かつまかずよ》さんがネイルサロンに通っている、ということを本で読んで、あんなに忙しそうな人がネイルサロンに行けるのなら、私も行けるに違いないと思い、約3週間に一度、ネイルサロンに行くようになりました。

また、以前、目が覚めるほどの美人が素敵なワンピースを着ていたので、どこのブランドかと聞いたことがありました。すると彼女が「スーパーで、500円で買ったものです」と答えたので、驚きました。髪や、爪や、メイクアップ（男性であれば靴など）がきれいだと、服も高級に見えるのだと感心したものです。

その後、「きれい」だったり「清潔」な印象をなるべく簡単に得たいと思っていたところ、美容ジャーナリストの方が書いたものを見つけました。それは**「末端」**

（髪、指先、足または靴）だけでも磨きこんでおけば美しく見える、というもの。
それ以来、末端に気を遣うようになりました。

最近では、男性用ネイルサロンも盛況と聞きます。経営者が毎週通っている完全個室サロンなどもあり、その需要の高さを感じることができます。
末端だけでも意識しておくことで、少しずつ見た目が変わり、チャンスを得る機会が増えることでしょう。見えてくる世界も変わるはずです。

末端を意識すれば、世界が変わる

チャンスは「人」からもたらされる

「顔を出す」という習慣は、とても大切です。**チャンスは人から得られるから**です。

結婚後、第一子を出産してから約一年経ったとき、特許翻訳をしている翻訳者のもとでアルバイトを始めました。その後、第二子を出産した私はフリーランスの翻訳者としてやっていくことにしました。そうはいっても、まだまだ一人で仕事をできるレベルではないと思っていたので、子どもたちが小さいうちに実力をつけようと翻訳の勉強を始めました。ある講座を半年受けた後、先生から、ある翻訳会社へ個人的に紹介してもらえることになりました

優秀な人たちがいる中で私だけに紹介してくれたのは、信頼されて好かれたからだと思います。講座中の宿題はきちんと提出しましたし、メールには必ず返信をし、

教えていただいたことは守り、物をいただいたらお菓子などを贈ってお礼をし、時間を割いていただいたら、時給分や交通費などを上回るお礼をしました。**感謝の気持ちをいつも行動で表わすようにした**のです。

先生は紹介するという話をしていませんでしたし、私自身「紹介してもらおう」という下心はなかったので、いざ紹介してもらって驚くと同時に、感謝せずにはいられませんでした。自分が紹介する立場になった今、紹介先に対して自信を持って薦められる人ではないと、紹介などできません。

また、いつどこから支援や応援をいただくかわかりません。フリーランスとしてやっていこうと思ったときに、雇い主である翻訳者からご支援をいただいただけでなく、両親や友人やまわりの人たちから暖かいサポートをもらいました。

私も近年知ったのですが、チャンスをくれたり、メンターになるような人たちは、全く見ていないようで、細かいところをよく見ています。

・「ありがとうございました」と言ったか言わなかったか。
・「ごちそうさまでした」と言ったか言わなかったか。

こういった些細なことをできる人に、救いの手を差し伸べることが多いのです。あるベストセラー作家に「あなたはこの前セミナーは来たけど、その後の懇親会は来なかったね」と言われて、とても驚いたことがあります。大人数でしたので、気にもされていないかと思って油断していました。

彼らは思っている以上に忙しいですし、お誘いも多いので、時間を割いてもらった場合、プレゼントをするようにしています。**彼らの時間が貴重だということは、認識しておいてください。**

たとえば日給10万円の人があなたに2時間、割いてくれるとしたら、どれくらい価値があるのか、と想像してみるのです。彼らは裕福ですし、物やお金を期待しているわけではありません。しかし、お礼をすることによって感謝の気持ちは必ず伝わります。

私はそういう人たちの有料コンサルティングを受け、1時間で5万円とか、30分で5万円を支払ったことがあります。

こういう話をすると「高い！」と驚く人がほとんどですが、私は全然高くないと思います。彼らがコンサルティングを行うことができる背景には、日々、情報収集を行うなど地道な努力をしていること、そして、一流の人たちと交流を深めるなどの貴重な体験をしているからです。**そこをきちんと理解しようとすることが、彼らに認めてもらえる第一歩なのです。**

私自身、何も見返りを求めていませんが、「会って相談に乗ってほしい」と言われて時間をつくって食事を一緒にしたりしても、割り勘だったりすると「あれ？」と思ってしまいます（私に気を遣って家の近くにきてくださる人には、私がごちそうしたりしますが）。「○○さんを紹介して欲しい」と言われて紹介しても、どういうことになったか報告をしてくれないと心配になって、次回は紹介するのをやめよう、と思ってしまいます。**自分の利益ばかりを考えて、相手の負担や相手のメリットを考えられない人は、さらに何かをしてあげようという気になりません。**またその人を誰かに紹介しても、失礼になりそうなので紹介もできません。そういう人たちの評判を聞くとやはり「あの人は自分のことばかり考えている」と言われているので、損しているなぁと思ってしまいます。逆に、お礼をしてくれたり、報告をしてくれた人に対しては、その報告の結果が良くなければ、違うアドバイスをしたり、違う人を紹介したりします。

あなたも、思いやりを持って相手の立場に立って考えられるようにしてみましょう。さらに相手の方にメリットを感じてもらえるように工夫できるといいですね。

チャンスをもらったら、必ずお礼をしよう

知らない人とも積極的に話す

ユダヤ人の夫を伴侶にしたことで大きく変わったことの一つが、旅行の仕方です。中でも、「**期間**」と「**情報交換**」に関する考え方は大きく変わりました。

・1泊2日か2泊3日の短期滞在→2週間以上の長期滞在
・ホテルを事前に予約→宿はその日に決める
・観光名所をまわり、観光客用の食事をとる→あえて脇道を入ったり、地元で人気の穴場レストランに行く
・写真をたくさん撮る→写真はほどほどにする
・おみやげを積極的に買う→おみやげはほとんど買わない
・地元の人とはあまり話をしない→地元の人に話しかけて、その土地の情報を得る

それまで、地元の人とはあまり話をしなかったのですが、その土地ならではの情報を知れば知るほど、ガイドブックだけでは得られない独自の文化に触れられる喜びを感じられるようになりました。情報を知れば当然、楽しくなりますし、人間としての面白みを増すことにもつながります。

また単純に、外国にあって日本にないものやサービスを、自分の仕事に使うことができたりします。**場所を変えることにより、今までにない発想ができたり、新たな発見をしたりすることもある**のです。

海外に移住したり、外国を飛び回っている日本人の多くが「日本ほどいい国はない」と言い、改めて日本に誇りを持つものです。外国を知ってはじめて日本のよさがわかる、ということもあるでしょう。

思えば元夫は、旅先でユダヤ人と思われる人たちと積極的に情報交換をしていたものです（他のユダヤ人にも言えることですが）。

ユダヤ人が旅行好きで、旅行に時間とお金を使うというのは、「旅で得られるも

のが大きいから」という投資的な考えもあるのではないでしょうか。

海外旅行中、元夫と一緒に歩いていたとき、ある男性が私たちのことを観察しながらついてきました。元夫の履いているサンダルがイスラエル製のサンダルだとわかるやいなや、イスラエルの公用語であるヘブライ語で話しかけてきました。ユダヤ人は好奇心旺盛で、人をよく観察します。ユダヤ人同士であれば、躊躇なく情報交換をします（ユダヤ人だけでなく、欧米人でもフレンドリーな人たちに話しかけたり話しかけられたりしていますが）。日本人のグループ旅行ではあまり旅行者たちとの交流がないと思いますが、そういう交流もまた楽しいものです。簡単な英語とゼスチャーなどで大丈夫なので、ぜひトライしてみてください。

知らない人・知らない場所との出会いが世界を広げる

危険な場所で神経を研ぎ澄ます

知らない場所に行くことは、神経を研ぎ澄ます役割もあります。

ある海外の大都市で、若い浮浪者にお金をねだられたことがありました。小銭を渡そうかとお財布を出した瞬間に、数人の浮浪者に囲まれたのです。腕を引っ張られたとたん怖くなって、振り切って逃げましたが、安易にお財布を出してはいけないことを学びました。日中で人通りの多い場所だったので、大丈夫かと思っていたのです。

現地の友人に、「基本的に街なかで、そもそも財布は出さないよ。電車のチケットを買う予定があれば、ポケットに小銭を入れておいたりする。街なかのＡＴＭでお金を下ろしていた人が撃ち殺されたこともあるから気をつけて」と言われ、反省しました。

それ以来、はじめて行く外国の街では、最初は警戒モードに入ります。**感覚を研ぎ澄まして警戒すると、ぼんやりしている自分に活が入る感じがします。**日本は安全な国なので、どうしても私たちは「平和ぼけ」してしまうのですが、海外へ行くと安全でないところも多いので、「平和ぼけ」が治る気がします。

ユダヤ人の歴史は、排斥や迫害の歴史とも言えます。世界各地に離散（ディアスポラ）を余儀なくされ、２０００年たってはじめて、現在のイスラエルの地を踏みしめることができました。問題があるたびに、機転を利かせ、賢く立ち回ってきたのだと思います。そうしたサバイバルの秘訣のひとつは、「**変化に対応する能力を常に高く維持していること**」です。

あなたも、変化の大きい時代に生き残れるよう、自らそういった状況に身を置いてみましょう。

はじめて行く場所では、神経はいやがおうでも研ぎ澄まされます。定期的に足を運ぶことで、常に危険を想定し、立ち回る度胸も身に付くことでしょう。

はじめての場所は、神経を研ぎ澄ますチャンス

成功者は、成功者に近づく

お金のことを勉強するうちに、私はお金持ちや成功者と会う機会が増えました。わかったことは、彼らの近くに行くと、なんとなく感じるものがあるということ。オーラというか、いい「気」というか、そのあたりはよくわかりませんが、とにかく心地がよいのです。そこで私は、「オーラ浴」と「握手」を心がけるようになりました。

【オーラ浴】

これは言葉通り、「オーラを浴びる」ということです。「この人のようになりたい！」と思える素敵な人や成功している人の近くに行ってみるのです。

実際、近づいてみると、遠目には素敵に見えたのに、言動にがっかりすることもありますし、成功していても嫌な雰囲気を醸し出している人もいます。そういったことは、近づいてはじめて知ることができます。だからこそ、接近することが大事なのです。

成功していて幸せな人というのは、心地よい雰囲気を醸し出しています。一緒にいると、エネルギーとか雰囲気が伝わってきて、自分もやる気になったり、温かい気持ちになったりします。あなたもぜひ、五感を研ぎ澄まして感じてみてください。

【握手】

成功した人（有名人）に会えば「握手していただけないでしょうか」と聞き、握手をしてもらっています。成功の気をチャージしているイメージです。

いつだったか、アメリカ人の男性講師に握手をしてもらったのですが、株のセミナーで女性の参加者がほとんどいなかったせいか、彼は私の手をずっと握って、「私は日本も、日本の女性も大好きなんですよ」と数分間、熱く語っていました。私は彼の成功の気をすっかり吸い取ってしまったように感じ、申し訳なく思ったほどです。

広いパーティー会場でお話を終えられた稲盛和夫氏の近くに行って、「握手してもらえますか？」と聞いたこともあります。稲盛氏はにっこりして、うなずいてくださいました。しかし、写真を撮るなどの用があったようで、まわりのスタッフの人たちが「後で」と言って、稲盛氏を連れて行ってしまったのです。尊敬する方との握手の機会を逃してしまったと残念に思っていたところ、なんと、ご本人自ら私のところに戻ってきて握手してくださったのです！　その優しさと笑顔、そして握手からダイレクトに伝わってくるエネルギー。ますます力がみなぎってきたことは、言うまでもありません。

ちなみに後日、私は稲盛氏を好きだという方々から「握手させて」と握手攻めに遭いました（手は洗ってしまいましたが）。

あなたもぜひ、すごい！　と思う人に握手してもらって、体感してみてください。

成功者の「気」を積極的に吸い込む

「師」を持つ

「ある人があることに優れていたら、それを学び、あらゆる人から学びなさい」というユダヤの教えがあります。師を持てば、何年もかけて努力して得た成功を、わずかな時間で教えてもらえるのです。またタルムードには、「人は誰でも学ぶことが許され、かつ、師は一人にとどまらないことを尊重すべし」と書いてあるそうです。

「自分の自由になるお金がほしい」「お金の勉強をしたい！」という思いを抑えきれなくなった私は、目標となる人を見つけ、できればその人にアドバイスをもらえるようにしたい、と思うようになりました。後にそれで投資を始めるようになるのですが（その話は第3章に書きます）、本をたくさん読み、セミナーに出席し、D

ＶＤなどの教材で勉強していくうちに、「この人のような投資をしてみたい！」という講師が見つかりました。しかも、ＤＶＤで「アドバイザーの仕事もしている」と言っていたのです。「この人にメンター（アドバイザー）になってもらえたら、うまくいくのではないか」。ある不動産サイトで、その人に不動産投資の悩みを相談できるという企画があり、応募して会いに行きました。私としては、なかなか買えないという悩みを相談するだけでなく、自分のアドバイザーになって欲しいと伝えたかったので、簡単な自分のプレゼンテーション用の書類を用意しました。

最初は軽く断られた感じでしたが、必死になって粘る私を断ることができなかったのでしょう。後日、アドバイザーとして、様々な有益なアドバイスをもらうことに成功しました。「次会うときまでにこうしよう」といった目標もでき、ますます毎日が楽しくなっていったのです。

他にも、お金の専門家の６ヶ月プログラムに通い、少しでもお金を稼げるよう心がけました。その方は有名な方なので、そんなに頻繁には会えませんが、今でもいろいろな相談に乗っていただいています。

このように師を得たことで、私は彼らの知識・ノウハウを吸収し、近道をすることができました。今はネットで誰とでもつながれる時代です。「この人には話を聞いてもらえないかもしれない」と尻込みするのではなく、会いたい人や「師として仰ぎたい」と思える人が出てきたら、すぐさま行動することをおすすめします。行動せずに後悔する、ということのないように。

優れた人に学ぶと、知識やノウハウが飛躍的に増える

助け合いの心を持つ

「どんなに裕福な金持ちであっても、助け合いの心を持たない人間は、豪華な料理に塩がないのと同じである」というユダヤの格言があるように、ユダヤ人は、人のために力を尽くすことを厭いません。迫害を受けたとき、一丸となって切り抜けたこともありました。寄付によって貧しい人を助けたり、親族や友人が困っていたら手を差し伸べることで、**互いに助け合う姿勢を持っている**のです。

また、ユダヤ人は家族のきずなが非常に強いことでも知られています。イスラエルにいるときには、義理の母から、「もっと義理の姉と仲良くしなくては」とよく言われました。最初はそのことを負担に感じたりもしたのですが、日本に帰ってくるとそのようなことを言われる機会は減り、家族ですらお互いに無関心すぎる気がしたものです。もっと家族や親族で仲良くしなくては、と思いました。

ユダヤ人の家族は、とても頼れる存在です。東日本大震災直後、原発の放射線の心配があったときに、「すぐにうちにおいで」と何度も電話やメールをくれました。**他人の危機も自分事として受け止められる、広い心を持っている**のです。

ユダヤ教徒には毎週「安息日」というものがあり、その日はいかなる労働もしてはならないことになっています。元夫の家族は敬虔なユダヤ教徒ではなかったので、その日は、家族や友人で集まっていました。

何かあったときにすぐに助け合う。このことは、ユダヤ人のリスク回避につながっています。

強いきずなを持つことは、最大のリスク回避

1円を大切にする

あなたは、道に1円落ちていたら拾いますか。

ある集まりで同様の質問をしたところ、業績のいい企業の経営者は全員「はい」と答えたそうです。1円たりともおろそかにしないシビアな目を持っているのでしょう。


実を言うと私は、拾わない方の人間でした。ところが、ユダヤ人の元夫と出会ってから、お金に対する考え方が少しずつ変わっていきました。

また、金融機関という1円の誤差も許されない環境に身を置いたことで、それまでお金に無頓着だった私が、1円すら大切に扱うようになったのです。

「稼ぐ人になりたいのなら長財布を持つといい」という話があります。お札を曲げなければ入らない折り畳み式のお財布でお札に窮屈な思いをさせるより、長財布でお札にゆったりしてもらいましょう、という話です。

しかし、お札は「モノ」であり、「人」ではありません。流行にのってまだ使えるお財布を買い換えるのは、無駄使いだとは思いませんか。「本質は何か」と考えて、「自分は折り畳み式のお財布だけれども、お金を大切に扱っている」と思えば、わざわざ長財布に買い替えなくてもいいのです。

財布を買い替えるより先に、１円を大切にしよう

安く買う方法を考える

結婚後しばらく、私はエアコンもテレビも持たない生活を送っていました。電気の契約も、最も小さい10アンペア。月々の基本料金は273円と、最安値です。無駄使いを嫌うユダヤ人の元夫から生活費は月3万円と言い渡され、日々、戦っていたのです。

結婚前、お金が入ればすぐ使うことを考えていた私は、30万円を貯めることすら難しい生活を送っていました。自己投資、海外旅行、美容を大義名分に、実際やっていたことと言えば、

・外食（ほぼ毎晩）

・韓国で毛皮を購入
・香港でパンプスのオーダー
・パールの指輪　約10万円
・英会話学校　30万円以上
・電子オルガン　80万円以上
・海外旅行　年に1～2回（1回約20万円）
・両親へ旅行のプレゼント　5万円
・ライブハウス通い（ミュージシャンの追っかけ）
・O脚矯正

…といったことでした。

電子オルガンや英会話のレッスンチケットは「大金を払うのだから、絶対にものにする！」と心に誓って購入したのですが、「私のお金だから、誰も文句は言えまい」と言ってレッスンをさぼる始末でした。

元夫は、そんな浪費家である私を知っているので、買ったものを1つひとつチェックしました。

「これはいくら？」「それはいくら？」

まるで取り調べを受けているような日々でした（取り調べを受けたことはありませんが）。

ユダヤ人は小さい頃から、聖書やタルムードをもとに、考える訓練を行っています。説話に登場した人間や動物の取った行動に対し、疑問を持ち、質問をし、議論をする教育を受けてきているので、**何においてもいろいろと考えをめぐらせたり、質問しなくては気が済みません。**

たとえばちょっとした買い物一つにしても、まず、

1. 本当に必要なのか
2. 買わないで済ませることはできないか（もらう、代用する、借りるなど）
3. 買う必要があれば、どうにかして安く買う必要がないか

と考えるのです。

おもしろい話があります。私が外資系銀行で窓口の仕事をしていたとき、海外送金手数料が国内の送金手数料に比べてかなり高かったため、日本人も外国人も、少し戸惑った様子を見せました。日本人は文句も言わずに払い、外国人も、驚いた表情を見せたり「高いね」などと言ったりしながらも、結局は払ってくれます。

しかしユダヤ人が来たときに手数料を言うと、もっと安く送金できる方法がないかと聞いてきました。私は送金小切手の話などもしましたが、納得する様子を見せません。彼はそこで突然思いついたように

「ねえ、銀座でごちそうするから、送金手数料タダにしてくれないかな？」

と聞いてきました。

「でも銀座でごちそうの方が高いですよ」

と笑いながら言うと、

「何を言ってるの。銀座のマクドナルドに決まっているでしょう」

と返されました。

そのときは冗談として笑いましたが、後からユダヤ人というものをよく知るようになると、彼らはいろいろな方法で交渉してくるということがわかったのです。

ここまでできるまでには時間がかかると思いますが、買い物などでお金を支払うときは、**「それは本当に必要なのか」と、一瞬立ち止まって考えるようにするといいでしょう。**

買う前に、自問自答する

稼ぎと節約の両立

元夫と結婚してからというもの、私の生活は、大きく変わりました。自由に使っていたお金は、ほぼゼロ。結婚を機に会社をやめ、収入がなかったのです。「足りなかったら教えて」と、１ヶ月の生活費に10万円だけ渡されて、途方にくれました。たしか家賃が７万３０００円ほどでしたので、残りの３万円弱で光熱費や食費などすべてをやりくりしなくてはなりません。

元夫は、お金が足りなくなるたびに、当然要求してくるものだと思っていたようなのですが、私は恥ずかしくて「お金をください」と言えませんでした。「お金をもらうことが恥ずかしい」ということすら、伝えられなかったのです。

なけなしの退職金を切り崩し、生活費にあてました。彼はそれを察して時折、余分にお金を渡してくれましたが……（ちなみに夫を出世させる妻は、「生活費、30万円じゃ足りない。１００万円ぐらいないと」などと言うらしいです）。

節約をせざるを得なかった私は、あらゆる手を使ってお金をやりくりしました。雑誌のプレゼントに応募したり、スーパーのお得情報を見逃さないようにしたり……年賀状を出すことすらやめました。そのうち、あの手この手で節約したり、工夫したりすることが、だんだん楽しくなってきたのです（次ページ参照）。

ある程度稼げるようになった今でも、節約は続けています。出費を抑えることは誰でもできます。ぜひ、できることから始めていただきたいと思います。

節約はお金を貯めるための第一歩

星野陽子式節約術

雑誌の懸賞やプレゼントに応募する（雑誌を読んだ感想を丁寧に書くと当たりやすい）	ヤフーオークションなどで販売すれば収入になる
映画の試写会に応募する	意外と当たるうえに1800円節約できて◎
ATMを使うときは「時間外」を避ける	手数料105円（210円）を節約できる
買い物をするときは、クレジットカードのポイントを使う	鍋など少し高いものは全てポイントで買う
安いものをたくさん買って冷凍しておく（パンや肉など）	食べる分ごとにラップしておくと取り出しやすく光熱費の節約にもなる
洋服を買うときは海外のサイトを使う	国内で4～5万円の洋服が海外だと3万円という場合も！
デパートやスーパーには閉店間際に行く	20～30%安く買えることも！
スーパーのチラシをチェックし、安く買えるお店を探す	わからない場合は「毎日特売」などのネットでチェック
年賀状は出さない	メールで済ませることで、50枚だと2500円節約できる
デートでは、工場見学や動物園など、安く済ませる場所に行く	遊園地などでの入園料の節約
美容サイトなどのモニターになる	新商品がタダで試せる
新聞の購読料は集金にしてもらう	割引券や洗剤をもらえる

お金の勉強をする

実は、節約には落とし穴があります。それだけでは、お金は貯まりにくいのです。家計から見ると、貯金は増えていきましたが、私は「自分の自由になるお金」を求めていました。

元夫がいつもお金のことを真剣に考えるので、私もお金にきちんと向き合うことになりました。それまでは、「お金の話は人としない」「お金のことはどうにかなる」「積立預金程度はする」「（ローンという考えがなかったので）家は一生買えないかもしれない」という考えを漠然と持っていました。しかし、「家族と幸せな人生を送るには？」と考えたとき、お金を持つということが、大事なキーポイントであることに気づいたのです。元夫が証券会社の人を自宅に呼んで説明をしてもらったり、投資のことを２人で考えたりしました。

それからというもの、お金の勉強をするために、すすんでセミナーなどに通い始めました。行動に移したのです。お金の勉強（投資）をするとすぐに結果がでるものもあります。また、**人間の生活にはお金が密接に関わっているので、お金の勉強のつもりが、社会の仕組み等いろいろなことがわかったりします。**「お金の勉強は楽しい」と感じる人が多いのです。

過去、私には、実家の住環境が良くなかったことや、留学したいと言い出せなかったこと、お金が原因で結婚できなかったことが2度ありました。そのため、お金で悲しい思いをしたくないという気持ちも強く持っていました。

短大卒業後、結婚したいと思っていた男性は、社会人になって大学院に入り直したためお金がなく、私が結婚を意識したとき、まだ考えていないようでした。しかし、私は20代で子どもを２人産みたいという強い願望があったので、些細なことをきっかけに別れてしまいました。

また、プロポーズしてくれた商社マンもいましたが、私の実家が持ち家でないことがわかったとたん、別れを告げられてしまいました。自分が次男なので、都内の持ち家のお嬢様と結婚したかったのです（「うちが貧乏なのが悪い」と母に八つ当たりしたら、「あなたが愛されていないのが悪い」という強烈なカウンターパンチをくらいましたが）。

こういった背景から、もうお金で苦労したくない、節約程度で発生するお金では思い描く人生を送ることができない、という思いが出てきたのだと思います。

お金がすべてではありませんが、**お金があると選択肢が増えます**。お金の知識があれば、損をすることも減ってくるので、お金の勉強を始めることをおすすめします。

満足いく人生にお金の知識は不可欠

読書量と知力は比例する

最近、とてもショッキングなことがありました。

20代の日本人の男性が、「コ一ト」と書いていたのです。「コート」のことです。

縦書きに慣れていない外国人がそう書いているのを、何度か見たことがありますが。

パソコンを「パソコソ」とふざけて書く人もいるので、

「じょ、冗談で書いたんだよね？」

と恐る恐る小さな声で聞くと、

「いや、縦書きは慣れていないんで……」

と赤面していました。

確かに私も書くときは横書きにしてしまうことが多い、と納得しかけましたが、

この男性は、縦書きで書かれている本を読んでいないのだと気がついて悲しくなり

ました。

あるラビ（ユダヤ教の僧侶）は、**知力を磨くには本を読むことだ**と言います。読んでそのまま鵜呑みにしたり、単に情報を得るだけでなく、自分と対話し、自省し、考えることが大切なのです。

ビジネスパーソンの能力は所蔵している本の冊数に比例する、と言うラビもいます。

もっとも来日するユダヤ人は一様に

「多くの日本人が電車の中で熱心に本を読んでいるのは素晴らしい！」

と感嘆します。しかし、私たちはどちらかというと、ストーリーを楽しんだり、さっと読んで、本の話題が出たときに話題についていけるのが大切だと思っているのかもしれません。

「この著者はそう言っているが、私はこう思う」「単純な話に見えるけれども、○

○は日本の政治家の象徴かも」など、疑ったり、じっくり考えたりする読み方も、ときには必要でしょう。

あるとき、日本に観光に来ていたユダヤ人の男性が、電車の中で指を指して笑い始めました。

「いい大人がマンガを読んでいるよ。ははは」

慌てた私は、

「いや。日本の漫画はレベルが高くて、文化的な賞を取ったりしているものもあるのよ。海外でも文化として認められつつあると思う」

と、必死でかばいました（成人向けのマンガのようでしたので、説得力に欠けましたが）。しかし、ユダヤ人は挑発するように

「大人は本を読むべきだ」

と、その人に向かって言いました。幸い、マンガを読んでいた人は英語がわからなかったのか、気がつかないふりをしていたのか、トラブルにならなかったのですが、これには冷や汗をかきました。

ちなみに、イスラエルでは知らない人同士でも、こんなふうに批判めいたことを言ったりします。言われた方は必ず反論します。

イスラエルの街なかにいると、議論がわき起こることは、しょっちゅうです。たまたま居合わせた人同士が怒鳴り合いになり、見ている私の方がハラハラしたこともありました。しかし、その2人は、突然笑い出し、ハグしたのです。

議論は徹底してするものの、それが終われば、何事もなかったかのようにスッキリ。相手に対する変な感情はありません。むしろ、議論できて楽しかった、という感じに見えました。

話がそれました。ユダヤ人は「本の民」と呼ばれ、豪華な建造物を造るよりも聖書やタルムードの編纂に力を注ぎました。そしてそれを数千年に渡って読み継いできています。**書物を記憶したり、書物に基づいて対話をしたり、議論をしたりして、知力を磨いているのです。**

あるラビは「良書を読むべき」と述べていましたが、最初は、濫読するのがいいと私は思います。最初から良書かどうか、わからないと思いますし、興味のあるところから、オープンな気持ちで読むのがいいのではないでしょうか。読書家の人から薦めてもらうのもいいでしょう。

「ユダヤ」とか「お金」という言葉を言っただけで、拒否モードに入ってしまう人がいますが、「**学べるところは何からでも学ぶ**」という姿勢があったほうが、得るものが大きいはずです。ぜひ、読書を重ねてみてください。

本を読んで知力を磨こう

第2章

仕事をしながら身に付けたい お金持ちの習慣

いきなりお金を稼ごうと思っても、
なかなかできないものです。
この章では、社内で高いパフォーマンスを発揮し、
どこにいっても通じるスキルを身につけるために、
私が経験してきた「今日からできること」を
お伝えしたいと思います。

稼ぐ人ほど「当たり前のこと」をやっている

「当たり前のことをきちんとしなさい」という言葉を聞いたことがある人も多いでしょう。というのも、意外とできていない人が多いからです。「こんな仕事をするためにこの会社に入ったのではない」などと言って、簡単で誰でもできるような仕事をばかにする人に限って、当たり前のことがきちんとできなかったりします。

当たり前のことをきちんとできる人は、信頼を得られます。どの職場に行っても通用するのです。私はコピーの仕事で、次の3つを心がけました。

1. スピードアップ
2. 完璧にすること
3. プラスα

単純作業のスピードアップについては、私はゲーム感覚で楽しみながら行いました。単純な作業だからこそ、手を抜かず完璧にすることが大切です。濃度などの細かい部分も調整しながら、誰が見ても見やすいコピーを徹底することにより、上司の信頼を得ることができました。

あるとき、膨大な量のコピーを半分任されたことがあります。１枚試しにコピーをしてみると、少し薄くて読みづらかったので、濃度を調節しながらコピーを１枚ずつ確認しました。このコピーは社長や外部の役員が出席する会議で使われるものだったため、いつも以上に気を遣ったのです。ところがその後、「コピーが薄くて見えない」と言われてしまいました。残りの半分をコピーした人が濃度などのチェックをしていなかったことが後からわかりました。こういう「単純で小さな仕事」も手を抜かずにしっかりすることが、信頼を得るために大切なのです。

単純な仕事は誰にも見られていない気がしますが、意外と見られています。一般的に成功者が多いのですが、細かいこと（コピーや掃除、「ありがとう」と言ったかどうかなど）を見ている上司も多いものです。ですから、単純な仕事こそ、気を抜かずにきちんとやるようにするとよいでしょう。

そして**いつもプラスαのことを考えましょう**。経費が削減できるようなコピーの取り方をする、高齢の人が読む場合は、事情が許せば大きめの字になるようにコピーする、コピーしている資料に目を通して、誰がどんな仕事をしているのか把握する…。いろいろと考えられますよね？

単純な仕事にこそ、やる人の情熱が表れやすいものです。もし今の仕事に面白みを感じられないのなら、思い切って別の部署に異動願いを出したり、転職するのも一つでしょう。しかしその前に、今の仕事を全力でやってみてはいかがでしょうか。

当たり前のことほど、きちんとしよう

笑顔は最強の武器

「和顔施」（わがんせ）という言葉があります。笑顔が人に幸福感を与えるので、一種の〝お布施をしているようなもの〟という考えです。

新卒で入った会社にいたとき、営業所20数名の湯呑みと、それを使っている人の名前を覚えたことがあります。渡すとき、「お疲れ様です」などと笑顔で声をかけて、「潤滑油」としての役割を心がけました。たったこれだけのことをしただけですが、その後、仕事がスムーズに進む機会が増えたのです。

今思えば、こういった簡単にできることでも、やっていない人が意外と多いものです。やれば必ず見てくれる人がいますし、評判がよくなったり、好かれたり、モテたり（！）というリターンが大きいので、やってみてはいかがでしょうか。

また、職場の雰囲気や人間関係をよくするのに、ユダヤ人の得意なジョークもおすすめです。ジョークは知性を磨くものなので、「知性の砥石《といし》」と呼ばれているほどです。アインシュタインもフロイトも、そして義父も、ジョークをこよなく愛していました。ユダヤ人は、「笑いの民族」とも言われるように、彼らと一緒にいると、ジョークや言葉遊びがよく飛び交います。

先日、息子にお茶を入れたのですが、「お気に入りの湯呑みでお茶をいれてあげたよ」と言って渡すと、息子は「ゆーのーみー（湯呑みとYou know meにかけている）」と言っていました。「俺のこと、わかってるじゃん」ということです。息子にもジョークや言葉遊びは受け継がれているようです。

「笑顔」や「ジョーク」は、リターンが大きい

面倒なことをすすんでやる

新約聖書「エペソ人への手紙」の中に、こんな言葉があります。
「どんな仕事であれ、雇われて働いている立場の者たちは、上司を尊敬し、ご機嫌とりのようにうわべだけのやり方ではなく、**真心から上司に従い、善意を持って働こう**」

上司のことを「お客様」と考える人がいますが、あながち間違いではないと思います。上司がどういったことを求めているのかを考え、動くことで、ムダがなくなり、一分一秒を大事にしながら働くことができるからです。

最初に入社した会社の部長は頭がよく、厳しく、ときには理詰めで部下をやりこめてしまう方でした。会社の仕事を広く見ているので改善点も的確に指摘でき、私がしている小さな仕事にも目が行き届いていました。

苦労して作った書類を部長に見てもらったとき、一瞬で「ここ、おかしいよ」と指摘されたことがあります。何日もかけて作った書類だったので、一瞬で指摘されたことにこれまでの努力が無意味だった気がして情けなくなりました。と同時に、上司の持つ目の確かさに舌を巻いたものです。

せっかくそんなに仕事のできる部長や上司たちがいるのだから、彼らが仕事に専念できる環境を作ることができれば、会社のためになるとも思いました。そこで、彼らの出張の切符の手配や受け取りなどの雑用をすすんで引き受けました。尊敬する部長や上司のため、そして私を雇ってくれている会社のために自分が貢献できることが純粋に嬉しかったのです。

今思えば、それはなかなか謙虚で賢いことだったかもしれません。**会社全体とし**

て資源を一番効率よく使う方法を自分なりに考えていたからです。

過去1万3000人のキャリアカウンセリング実績のある株式会社キャリエーラの藤井《ふじい》佐和子《さわこ》さんによると、評価されやすい人というのは、「『会社の利益のために』という視点を持ち、チームプレーできる人」だと言います。

こういった能力があれば、どの組織、どの環境でもきっと重宝されるはずです。あなたもぜひ、縁の下の力持ちとなり、他の人を輝かせ、成功させることにチャレンジしてみてください。

自分よりも目上の人を立てよう

恐怖心を感じる前に行動する

社会人になって間もない頃、私はとても緊張するタイプだったので、電話を取って知らない人と話すことは一大事でした。新人でまだ大した仕事もできないため、他の社員たちよりも先に電話に出るべきです。わかっていても、最初は手が震えるほど電話に出るのが怖くて、何度も見送ったり、忙しいふりをしたりしました。「失敗が許されるのは新入社員のうちだ！」と思い直し、勇気を振り絞って電話に出たものの、最初は会社名や個人名を聞き取ることすらできませんでした。

名前を聞き間違えて注意されたり、対応が悪かったときは「新人さん？」と怒ったような声で尋ねられたりしたため、恐怖心はなかなか消えず、電話に手が伸びないこともありました。迷った挙げ句、「頭で考えて恐怖心を感じる前に電話を取る作戦」を決行したのです。これは成功でした。

社内や取引先の人の名前を一通り覚えると、ずいぶんと電話に出るのがラクになってきました。そこで自分専用の電話伝言メモ（電話を受けたときに最低限の書き込みや、チェックをつけるだけで用件が伝わるようにしたメモ）を作り、よりたくさんの電話を受けられるように工夫しました。

次に取り組んだのは、いかに感じよく電話の応対ができるかということ。雑誌の記事を参考に、「声のトーンをいつもより少し上げる」「鏡をデスクの上に置き、自分の笑顔を見ながら話す」などして、電話で顔が見えない相手にも印象よく与えられるようにしました。

するとまわりから「感じがいいね」とほめられるようになりました。そして、用件が済んだ後、「ガシャン」と切ったりしないよう、相手が切ったのを確認してからそっと受話器を置く。電話の最初から最後までそつなくこなせるようになった頃には、電話の応対は怖くなくなっていました。

「電話が怖い」という事実だけを考えるとたしかに怖いものですが、頭で考えるから、恐怖を感じるのだと思います。**考える前に動く。**シンプルですが、こういった行動をくり返すことで、「できない」と思っていたことも意外と「できる」ようになるものです。ぜひ試してみてくださいね。

考える前に一歩踏み出そう

業務外の仕事を積極的に取りに行く

電話に恐怖を感じなくなった私は、他の仕事もひと工夫するようになっていきました。不在の人にかかってきた用件をできる限り承るということはその一つです。社内取引先の会社の人がパンフレットなどを必要としていた場合、送っておく。社内の人に聞けば答えられるような質問は、その場で調べてすぐ答える。そしてその報告を不在だった担当者にする。こういうことは取引先にも担当者にも喜ばれました。

他にも、海外からのメールに関しても私が受け付けて担当者や担当箇所へ渡していたので、内容を把握して、返信に必要な資料などを一緒に渡したり、海外から重役やエンジニアが来ると知れば、送迎を買って出たりしました。休日に外国の方を観光地へ案内すると、英語で会話できるので無料で英会話を勉強できることになりますし、違う考え方を知り、視野を広げることもできます。

「英語を学びたい」「視野を広げたい」と思っていた私にとってメリットが大きかっただけでなく、思いのほか海外から来た人たちと、休日には休みたいと思っていた上司にも、大変感謝されました。待っているだけでなく、自分から動いたからだと思います。

「やってくれると助かる」けれども、「誰も積極的にやろうとしないこと」には、チャンスが転がっているものです。「あの人に任せておけば安心」という評判が立てば、どんどんおもしろい仕事が舞い込んでくるのです。

誰も積極的にやろうとしない仕事ほど、チャンスがある

会社で働きながらリスクへッジする

会社の倒産、配偶者の転勤など、これから先、自分以外のことが原因で転職しなくてはならないときが訪れるかもしれません。普段している仕事をどこに行っても「スキル」と認められるレベルにしておきましょう。

たとえば私は、最初に入った会社の海外営業部で、自社製品の海外営業所や代理店への輸出、代金の回収、海外営業部のサポートなどをしていました。

英語は、海外の人たちとのやり取りを仕事で日常的にしたほか、通勤時間も勉強したり、英会話学校や英会話のサークルなどに行くようにしていました。「英検一級」「商業英語」などを資格の欄に書くことを目指していたのです。

ですから、簡単な通訳をしたり、外国へ送る手紙の翻訳をするなど、色々な仕事を任せてもらいました。社長秘書がお休みのときには、代理で社長にお茶をいれたり、雑務をしたりしました。

秘書的な仕事は奥が深くておもしろく、秘書検定用の本を買って秘書検定を受けました。秘書になりたいというわけではなかったのですが、ビジネスマナーはどんな仕事にも役に立つと思ったからです。たとえば、お客様や上司と一緒にエレベーターやタクシーに乗るときに、どこの位置にいたらいいのかを知っておくと、失礼なことをせずに済みます。

複数の仕事をしてリスクヘッジしよう

会社にいる時間は長いので、担当の仕事だけでなく、**周辺の仕事の勉強をしてレベルを上げ、いくつものことを身につけるのがリスクヘッジになる**と思います。今後は、ご自分の仕事の中で、コンピュータや他の国の人に取って代わられない仕事は何だろう、と常に考えるようにするのがよいでしょう。

行動を「お金」につなげる

「手当がもらえないのならムダな仕事になるから」「働き損になるから」と、「あえて働かない」という人がいます。私はそういった人を見るたびに、残念な気持ちになります。なぜなら、**「経験を積めない」という損の方が大きいから**です。

会社で働いていたとき、上司から「どんなに小さな仕事でも、あなたができる仕事をリストアップするように」と言われたことがあります。その言葉に従ってリストアップしてみると、できることが意外と多いことに気づかされました。伸び悩んでいるときは、その長さを見て、日々経験を積み重ねていることを実感しました。

たとえば、次のようにリストアップしてみるのです。

・入出金業務
・外貨の取り扱い
・ＡＴＭの管理
・海外送金
・日銀への報告書作成

職場で一度教わったことは、次回は一人でやらなくてはならなかったり、別の人に教えたりしなくてはならないことがあると思います。そこで私の場合は、教わるときは「この仕事について何を聞かれても答えられるようにしよう」と覚悟して臨みました。結果、質問にすぐ答えることができ、上司の信頼も得ることができたのです。

「自分には何もない」と後悔する人がいますが、深く掘り下げてみると「何か」はあります。しかし、その作業には時間がかかります。早い段階から「何か」を形にするためにも、リストアップを行ってみるのはいかがでしょうか。そしてそれを見て、「もっと質を上げられないか」、「この仕事ができるのなら、あの仕事もやらせてもらえないだろうか」などと一人でじっくり考えてみるのもおもしろいでしょう。培ってきたスキルをお金に換えるために、自分のできることを分析してみるのです。

「できること」をリストアップしよう

いつでも転職できる準備をしておく

入社して数年目のことでした。経験を積んだ私は、一通りの輸出業務や雑用、事務の仕事に慣れ、少しずつ仕事の幅を広げていました。課長クラスの人たちと役員の方々との橋渡し、海外からの役員や技術者のアテンド、重役会議へのお茶出しや資料の用意……。他の社員がそう簡単に頼まれない、緊張感のある仕事も頼まれるようになっていました。上司からの評価も得たことで、給料もほんの少しアップ。これまで気軽にコピーを頼んできた人も、「あなたはコストが高いんだった」と言って、頼まないようになってきました。

高く見られるのは、ありがたいことです。それでも、仕事に不満を感じることも増えてきました。製造業の会社でしたので、技術や営業の仕事は男性社員が中心で、女性社員はサポートや雑務の仕事と決まっていました。自分を成長させて仕事をバリバリしたいのだけれども、ステップアップは望めず、だんだん息苦しさを感じるようになっていったのです。

英語を使って、キャリアを積んでいける仕事をしたい――そう考えるようになった私は、英字新聞を毎週月曜、欠かさず買うようになりました。月曜の朝刊に、大使館や外資系企業などの求人広告がたくさん載っていることを発見したのです。

４年制大学を卒業していることが条件になっている会社が多く、またそういう条件がなくても、私は書類審査でなかなか受かることができませんでした。あるとき、無理だろうと思いながらも、有名な外資系銀行へ書類を送ると、面接にくるようにという返事がきました。自分の経験を、自分の言葉で語った結果、人事での筆記試験と面接も合格し、転職に成功したのです。ただし、「２週間後から来て欲しい。そんな簡単なことができないのだったらあなたのことは評価できない」と、人事の女性からぴしゃりと言われてしまったのは想定外でしたが。

今の私であれば、転職先にもう少し期間をもらえるように交渉すると思います。

しかし、当時はきつく言われたことに驚いてしまいました。翌日、課長に恐る恐る相談すると、「快く送りだすようにするから心配しないように」と、事情を理解してもらえました。結果、ぶじ次のステップへ進むことができたのです。

いつでも次のステップへ動けるよう、まずはその職場できちんと仕事をし、結果を出しておくことが大切です。

次のステップに進むために「結果」を意識しよう

ベクトルをゴールに合わせる

私はフリーの翻訳者になる以前から、一生を通じてできる仕事を探していました。今思うとそんなに必死に探さなくてもよかったのですが、20代の頃は出産もしたいということもあって焦っていたので、「なんでそんなに生き急いでいるの？」と人に聞かれるほどでした。

私は中学・高校時代、打ち込むようなことが何もありませんでした。その「空白の６年間」を埋めたかったのです。子どもが好きだったので保育士に憧れた時期もありましたが、大変であることを聞き、あっさり断念。そのうち、英語を使う商社などへ憧れるようになりました。採用試験の際に学校から推薦をもらうため、自分が上位に入れる短期大学を受験して入学しました。

短大に通っていたときに、上品な高齢の女性の先生にくり返し言われていたことがあります。

「一つのことをずっと研究なさったらいいわね。たとえばオムツをテーマにしたっていいのよ。歴史であるとか、種類であるとかを調べるの。あなた方は英語ができるのだから海外の文献も読むといいわね。結婚しても子どもが生まれてもずっとお続けなさい」

くり返し言われたことは心に残るものですね。そこで、私の場合は研究テーマではなく、結婚しても子どもがいても、「継続して稼げるストック型の仕事」を探すことにしました。ストック型の仕事というのは、経験をどんどん積み上げていけるような仕事です。「たくさん稼ぐ」というイメージではなく、月に数万円でもいいから稼いで生活の足しにできたらいいという、ささやかな夢を持ち続けたのでした。

ゴールがあれば、ベクトルを合わせやすいもの。そのとき、そのときを一生懸命生きることも大切ですが、**「どうなりたいか」をあらかじめ決めておき、それにそって行動することも「なりたい自分」に近づく第一歩**だと思います。私も「翻訳者になる」とそのときに決めていれば、もっと早く翻訳者になれていたかもしれません。

「どうなりたいかがわからない」という悩みを持つ方も増えていると聞きます。今からでも遅くはありません。どんな仕事に興味があるか考え、それに向かって動いてみてはいかがでしょうか。

ゴールを設定してから行動しよう

やるべき仕事は脇目もふらずに行う

ゴールがなかなか見つからない方におすすめしたいのが、ぼんやりとでもいいので「**イメージをしてみること**」です。自分の得意とする分野や好きなこと、そして自分がどんな生活を送りたいかを考えてみましょう。

私の場合は「英語を使う仕事」ということと、「結婚してからも、そして育児や介護の間もできる仕事」でした。

新卒で入った会社では、制御機器や部品などの輸出の担当をしていました。製品の技術は、「一生を通じてできる仕事」に全く関係ないので、最初はできる限り関わりたくない、時間の無駄だ、と思っていました。しかも、制御機器や部品などは文系の私には理解するのが難しく、理解するのに非常に多くの時間と労力が必要で、資料を読んで途方にくれる……。そんなことが何度もありました。それでも税関で輸出の許可を取るために、製品の技術を私が説明しなくてはなりません。いつも許可がなかなか下りない製品の説明書を作ることにしました。工場へ行って技術者に教えてもらったりしながら、どうにか苦労して作ると、まわりの人たちからは大変評価されました。関連会社の営業の人からも欲しいと言われたほどです。

苦労して得たその技術的な知識は、当時はその場でしか使わない知識だと思っていたのですが、今私が携わっている特許翻訳の仕事に非常に役に立っています。

かつてイスラエルで、ゴミの回収の仕事をしている人たちを路上で見かけたことがあります。知人から、回収している人たちはロシアからの移民で、おそらく医師や弁護士だろうと説明されました。社会的地位のある職業であっても、ヘブライ語が話せないために、この仕事をしているというわけなのです。

「とにかく仕事にありつくことができたら、どんな仕事でも一生懸命に働き、貯蓄する。そして、次の収入アップ、もしくは投資のチャンスをうかがう」

富豪である義父は常にこのようなことを考えている人でした。当初、工場のライン工として働くようになった義父は、必死で働いて独立しました。その後、不動産投資を行うようになったことで収入を飛躍的に伸ばすようになったのです。

今の仕事は将来、どんなことにつながっていくかわかりません。動く前にあれこれ考えることも大切ですが、**まずは目の前の仕事に一生懸命取り組みましょう。**

今の仕事は将来につながっていると信じて動こう

肩書きに実力はついてくる

目の前の仕事に取り組んでいると、ぼんやりとでも「こういう方向に進みたい」と思うことが出てくるかもしれません。そんなときは、肩書きを自分に与えてみてはいかがでしょうか。私のように会社の設立をして「社長」となってもいいですし、「翻訳者」「作家」「写真家」などと書いた名刺を作って、その肩書になりきるのも、一つの方法です。

法人化にして取締役社長となった後、私は「社長さん」と呼ばれることが増えました。実体はフリーの翻訳者なので、当初は戸惑いましたが、不思議なことに、だんだん社長らしいことをするようになっていったのです。

経営者仲間の集いに参加して経営や税金のことを勉強したり、ビジネス書や、

『プレジデント』をはじめとする、ビジネスパーソン向けの雑誌を読むようになりました。

また、著者になってからは、「先生」と呼ばれることが増えました。「書くことのプロ」とも言われ、本をさらに読むようになったり、書く内容に神経を注ぐようになっていきました。著者としてはまだ駆け出しですが、まわりの方が呼んでくださる肩書に恥じないよう、これまで以上に勉強したり、ふるまうようになっていったのです。管理職に就いた人が、最初は頼りなさそうだったのに、次第に役職が板についてくるのと同じ感覚かもしれません。

昔、カナダでホームステイしたときに、いろいろな肩書を言う大人がいるのを不思議に思っていました。日本では、たとえば趣味で手芸品を作っていても、自分自身を「アーティスト」などと呼ぶことはありません。しかしカナダでは、それに近いことがあったのです！　個人でこつこつ書いている人が、「ライター」と名乗るのも不思議でした。確かに write（書く）に er をつけると writer（ライター／書く人）です。

私自身、翻訳者としてフリーになってから最初に作った名刺には、「特許翻訳者、ライター」という肩書きを書きました。最初は「『ライター』になる予定なんです、すみません」と言っていましたが、実際に本の出版もできました。

たとえ時間はかかっても、なりたい肩書きを名刺に書いて、自分を追い込むことも大切だと思います。

名乗りたい肩書きはどんどん名乗ろう

人生に無駄はない

無駄なように見えたことも無駄ではなかった。他にもそういうことがいくつかあります。

私は結婚し子ども2人をもうけた後、離婚しました。そこで「自分の都合で離婚をしたのだから、子どもたちを路頭に迷わせてはいけない。恥ずかしい思いをさせてはいけない。3年間は義務として投資の勉強をしよう」と思ったのです。

ところが、投資の勉強は思った以上におもしろく、株式投資から始め、気がついたら6億円の投資用不動産を所有するまでになっていました。そして、その「6億円の不動産資産」というプロフィールの力で出版ができることになったのです。

実は、私は絵本や小説が大好きで、いつか本を書いてみたいという漠然とした夢がありました。しかし、結婚、子育て、離婚と忙しい日々を過ごす中で、そんな夢は忘れかけていました。子どもたちと過ごす時間は最高に幸せを感じますが、心のどこかに「子どもと生活のために自分の夢を犠牲にしてきた」という気持ちがあったのかもしれません。ところが、不思議なもので**遠回りに見えた経験がすべてつながって、本を出すという夢が現実になった**のです。

ですから、あなたも普段から夢を心の片隅に置いておくのがいいでしょう。夢をかなえる人は、夢を明確にしていて、紙に書いて毎日眺めたりしています。写真など、画像になっているものの方がかないやすいとも言われています。

ユダヤの教えでは、到達不可能に思える目標を設定しなさい、と言っています。夢は大きければ大きいほどいい。そしてその夢の実現は、不可能ではなかったりするのです。

夢は紙に書いて毎日眺めよう

「I can!」願望は唱えよう

転職するとき、私はそれまでにない自信に満ちあふれていました。一冊の本に出会い、心を動かされたからです。その本の中には、こんなことが書いてありました。

「生まれてきたこと自体が大きな勝利であった。つまり、あなたは何億という精子の競争で一位になれた」

このフレーズは、「競い合ってもどうせ負ける」という思い込みに支配されていた私にとって、一筋の光のように感じました。読み進めていくうちに、願望を紙に書いたり、「I can!」と信じることが成功の秘訣であることを知ったのです。そして、「I can do it!」と、心の中で唱えながら面接に向かったのでした。

私はそれまで大した「成功」や「勝利」の経験がなかったのですが、転職の成功体験をきっかけに、目標を立てたり、願望を紙に書いたりして達成するようになりました。そして、「I can!」と唱えながら、「自信のある人のようにふるまう」「積極的な人のようにふるまう」ということを意識してするようにしました。

中でも即効性があったと思うものは次の５つです。

1. セミナーなどでは前の席に座る
2. 速く歩く
3. 大きく微笑む
4. ネガティブな言葉を使わない
5. 目標を紙に書く

１にもあるように、セミナーや講演会などに参加したときは、前に座りました。そして、可能であれば、なるべく早いタイミングで簡単な質問をしたりして発言しました。一度口を開くと、思いのほか堂々としていられます。

体と心はつながっています。微笑んでいると楽しくなるから不思議です。ネガティブな言葉は使わず、ポジティブな言葉をすすんで使うことで、心から楽しいと思える機会が増えました。

また、速く歩くことで非常に行動的になってきました。暗い気持ちのまま速く歩いたり、スキップしながら憂鬱になることはできませんから（笑）。

目標は思いつくまま紙に書いて、なるべくひんぱんに見るようにしました。後から見ると、不思議なことに達成しているものが多いのです。

あなたもぜひ「I can!」とつぶやきながら「できる自分」をイメージしてみてください。一つひとつの行動があなたに自信を与えます。

目標は紙に書くのが、達成の第一歩

人の名前を憶える

初対面ですぐ名前を憶えてくれたり、「星野さんは、どちらからいらしたのですか？」などと名前を言ってくれる人に、人は好意を持つものです。ビジネスにもプラスになり、お金を生むことにつながります。

私自身、人の名前と顔を覚えるのは非常に苦手です。しかし、イスラエルの「記憶王」、エラン・カッツ氏のセミナーに参加したり、「ユダヤ人が教える正しい頭脳の鍛え方」（エラン・カッツ著、母袋夏生・阿部望訳、角川書店）という本を読んで、名前を憶えようと思うようになり、実践しています。

第一歩は、自分の記憶を信じること。相手の名前を、その人にとって最も大事なものだと認識することです。**名刺をもらったらまず、相手の名前をしっかり見ると**いうことをしてみましょう。

私は日本人が相手でしたら、フルネームで自己紹介します（外国人にはわかりやすいようにYokoとだけ言います）。そのとき、「素敵なお名前ですね！　キラキラじゃないですか。「星」と太陽の「陽」が入っているなんて」

と言ってくださる方々もいます。そうやって相手の名前に敬意を払い、関心を持つのはもちろん、記憶することが大切なのです。

【名前の由来で覚える】

直接、名前の由来をお伺いしてもいいかと思います。あなたも、自分に興味を持ってもらえたら、嬉しいのではないでしょうか。

最近、ワインを扱う会社の「酒井」さんという担当者の方にお会いしましたが、「ワインを扱う酒井さんだなんて、ぴったりのお名前だな」と思ったら名前を忘れなくなりました。連想によって強化することもできるので、たとえば、ワインの井戸からワインを汲んでいる「酒井」さんをイメージすることで、より記憶に刻まれることでしょう。

【特徴で覚える】

名前に関心を持ったら、今度は、その人を観察し、名前と容姿（外見と内面、つまりふるまいから受ける印象）を関連づけます。私が昔のマンガの主人公のように目の中に星が入っているぐらい目がキラキラしていたら、「目の中に星がキラキラしている星野さん」と覚えたり、二面性がありそうだと思ったら、「夜の星と日中の太陽の二面性がありそうな星野陽子さん」と覚えてもいいでしょう。

【イメージ記憶法】

発音が似ている言葉と関連させて記憶する方法です。たとえば、痩せている「ジェローム」さんを、「kgもない、gぐらい軽い」と関連させて記憶します。「星のような星野陽子さん」「星の洋服を着ている星野陽子さん」といった感じです。

【ニックネーム法】

その人を形容したニックネーム（あだ名）をつけて覚えます。「おだやかな星野さん」は、その一つでしょう。

【省略法】

頭文字を使ったり、「キムタク」のように短くして覚えます。

【別れ方に工夫をする】

印象に残る話をしたり、注意を引く方法で別れることで、記憶します。

今の日本は、暗記ばかりだった教育を反省し、論理的に話せることに重点を置いています。しかし、暗記もやはり必要ではないでしょうか。

ユダヤ人が大切に守ってきた聖書やタルムードも、記憶に頼っていました。ユダヤ人は、抽象度が高く、論理的に考え、ディベートをすることに長けていますが、幼いときから記憶をするということもしっかりしています。

『奇跡の記憶術』（フォレスト出版）の著者の出口汪《でぐちひろし》氏も、著書の中で、「記憶と論理は表裏一体で、決して切り離すことはできないのです」「論理と記憶、この二つをフルに使ってこそ、『一を聞いて十を知る』といった100倍速の勉強法になり得ます」と書いています。

まずは出会う人に興味を持ち、名前と顔を憶えてみませんか。

記憶力はお金を引き寄せる

アイデアを惜しみなく出す

ユダヤ人は抽象的な考え方が得意で、発想が豊かで、いろいろなアイデアを出します。富豪だった義父も様々なアイデアを出すことで、仕事で新しい技術にチャレンジしたり、不動産における様々な問題を解決しました。日常でも、何か問題があれば一番先に出てきて、あれやこれやと話していたのを思い出します。「問題は解決できる」という自信に満ちた考えや態度が、アイデアをたくさん出す基礎であると感じました。

義父をはじめ、独創的なアイデアをたくさん出せる人たちのようになりたい、と思っていたところ、あるワークショップを見つけました。

イスラエル人（ユダヤ人）のサリー・バルエルとベラ・ブライヘルという2人の

女性コンサルタントによって開発された「ビジネスや毎日の生活で使え、もっとクリエイティブになり、革新（イノベーション）を作り出すことができる、斬新で実用的な方法」のワークショップです。

その方法とは、アニマル・シンキング（原題〝Think like a zebra〟……シマウマのように考える）と呼ばれる方法で、彼女たちの15年にわたるフィールドワークと、クリエイティブな考えの共通要素の研究から生まれました。

彼女たちの著書、『アニマル・シンキング』（英治出版）には、「クリエイティブとは筋肉のようなもの。誰でも筋肉をもっていて、やり方さえわかれば鍛えることができます」と書かれています。

アニマル・シンキングは、クリエイティブな考え方が得意な人たちが多いイスラエルの学校のいくつかでも採用されています。

人は誰でも「思考グセ」を持っていますが、動物の書かれたカードを使うことによって、自分の思考グセを超えてアイデアを出しやすくします。カードはたとえば、次のようなものがあります。

【ツル】ツルは、寒くなると、暖かい場所に移動する
行動戦略：場所を変える

【ラバ】ラバは、ウマとロバという意外な組み合わせから生まれた
行動戦略：予想外の組み合わせを作る

【神聖なウシ】ウシは、ウシのまま変わらないが、「神聖な」ウシとなって、扱われ方が変わった
行動戦略：ものを変えずに新しい価値を作る

5～6人のグループで、それぞれの人が、自分の解決したい課題、見つけたいアイデア、開発したい製品やサービスなど、何か自分の求めているものを言います。

たとえば、私のグループには「地球の全地域に幼稚園を作りたい」という女性がいらっしゃいました。その幼稚園の実現のために、参加者がカードを使ってアイデアを出します。

私は「トカゲ」（トカゲは、逃げるためにしっぽを切り離し、すぐに新しいしっぽを生やす）というカードに書かれていた行動戦略「不可欠なものを手放す」から単純に思いついて、「歌を歌わない幼稚園」というアイデアを出しました。なぜなら、幼稚園にお遊戯や歌は不可欠だからです。

グループの各メンバーはそのようなやり方で、動物の書かれたカードを引き、アイデアを出します。その後、たくさん出たアイデアを、蝶の変化である「卵」、「アオムシ」、「サナギ」、「蝶」と、ハードルの高い順に分けます。私のアイデアは、もっともハードルの高いアイデアと思われる「卵」のカテゴリーに入れられました。

実は「卵」や「アオムシ」のカテゴリーに入れられたアイデアはイノベーティブ

なものになることが多い、ということでした。

一見、「そんな馬鹿な！」という、「歌を歌わない幼稚園」をみんなで考えてみることにすると、アイデアがどんどん出てきました。先生が主導して歌を歌わせるのではないのですが、子どもたち自らが歌いたくなるような仕掛けがたくさんある幼稚園が考え出されたのです。

先に述べたエラン・カッツ氏もそうですが、ユダヤ人は「頭を鍛えることができる」と考え、それに取り組みます。ワークショップでは、カードを使うことにより、自分の発想に変化が生まれるのを経験しました。あなたも「頭を鍛えることができる」と考え、ぜひ、いろいろなやり方に挑戦して、アイデアをたくさん出してみてください。

頭を鍛えれば、不可能も可能になる

第3章

稼ぎを加速させる お金持ちの習慣

この章では、
ユダヤ人大富豪の考え方を身に付けた私が、
株と不動産の投資を通じて
どのように収入を上げていったかをお伝えします。
少しずつ稼げるようになったあなたが
さらに稼げるようになるために、
どんな工夫をしたらよいかを
学んでいただきたいと思います。

小さく始める株式投資

日本銀行は、２０１３年1月、消費者物価指数（ＣＰＩ）の前年比上昇率２％を物価安定の目標とするインフレ目標政策を導入しました。

インフレ（物価上昇）になると、現金の価値が実質的に減ってしまいます。そういった状況に強いとされているのは株や不動産で、インフレになると値が上がると言われています。実物不動産は敷居が高いと思う方も、株式投資やＲＥＩＴ（不動産投資信託）にぜひ挑戦してもらいたいと思います。

株に関しては情報がたくさんあるので情報を得やすいですし、小さい金額から気軽に投資することが可能です。興味のある企業を調べたり、桐谷広人《きりたにひろと》さんのように「株主優待券で楽しみたい」などと思うところから始めるのもいいでしょう。

情報は、証券会社のホームページや東京証券取引所のホームページなどで得ることができます。また、『株式投資の学校【入門編】』（ファイナンシャルアカデミー編著、ダイヤモンド社）などの本を、一通り読んでみるとよいでしょう。

見習うべき人は実績を出している株式投資家ではないでしょうか。私はウォーレン・バフェット氏や竹田和平《たけだわへい》氏の投資方法がいいと思っています。

株では、ウォーレン・バフェット氏の投資ルール「第一に損をしないこと。第二に、第一を忘れないこと」にあるように、**損をしないことが大切**です。初心者の方は、最初はあくまで、**余裕資金で小さく始めることを強くおすすめします**。損をする可能性があるからです。企業の株は、上場廃止などになれば、紙くず同様になることもあります。そのあたりを踏まえたうえで、始めてください。

次に、竹田和平さんですが、ご自身のホームページでは「花咲爺の竹田和平です」と書かれていて、好々爺《こうこうや》といった見た目をされていますが、実は社長さんです。

愛知県犬山市にある竹田製菓の代表取締役で、104社の上場企業の大株主（2011年7月四季報調べ）でもあります。リサーチを徹底的にし、ご自分の応援したい会社へ長期で投資をしているようです。

知っておくべきことは、**株価の予測は当たらない**ということです。過去の本や雑誌やレポートを見ても、一度や二度当てている人はいますが、ずっと当てている人はいないでしょう。世界的著名投資家のセミナーに数十万円払って参加したことがあります。上がると思う銘柄を言ってくれたのですが、その業界もその銘柄もものすごく下げました。もっとも、その投資家は「状況が変われば、明日売ることがあるかもしれない」と言っていましたが……。

短期売買（数日〜数週間の短い期間で売買をくり返し、小さな差益を積み重ねること）に、真剣に取り組んだこともあります。1ヶ月100万円の利益を6ヶ月達成したのですが、その後、半分ほどロスしてしまい、取り組んだ時間がもったいないと感じました。プロと同じ土俵で戦うのは、かなり厳しいものです。投機的なこともたくさんしたのですが、「世の中を良くしている」という行為ではないことが、精神的な満足をもたらしませんでした（投機とは、将来の価格の変動を予想して、現在の価格との差額を利得する目的で行われる商品や有価証券などの売買のこと）。

また、投資には「時間」のことも考えなくてはならないことを学びました。なんといっても**「時間が一番貴重な資源」**なのですから。

「株はこわい」という話を聞いたことがあることと思います。多くの人は、株式投資をして儲かることもあるのですが、やがて損をしてしまいます。しかしそれで終わりにせず、**損をした原因を探って、間違いをくり返さずに長く続けていく人が財産を増やしている**ようです。長く続けていると、経験が大きくものを言うからです。

株式投資は、小さく始めて長く続けよう

〈株式投資について〉

■メリット

- ●売買のタイミングがよければ、大きな利益（キャピタルゲイン）を得ることができる
- ●企業の業績に応じて分配される利益（インカムゲイン）を得ることができる
- ●知識を得、経験を重ねると「ここはチャンス」というトレンドがわかるようになる
- ●株主優待を実施している企業の株を買うと、食べ物などの商品や割引券をもらえる
- ●お金が働いてくれる仕組みができれば、働かなくてもお金が入ってくるようになる
- ●経済やいろいろなニュースに関心を持つようになり、視野が広がる

■デメリット

- ●思惑をはずれ株価が大きく下がった場合は、大きな損失を被るリスクがある
- ●ある程度の収入と知識、経験がないと、損を出してしまったときにリカバリーが利かない
- ●企業の業績や方針によっては、支払がない、無配当という企業もある
- ●企業が倒産した場合、株券は紙くず同然になる

■ユダヤ人大富豪に学ぶ考え方

- ●少ない資金から慎重にスタートし、徐々に投資額を増やす
- ●損をして終わりにせず、損をした原因を探って長く続ける姿勢を持つ
- ●自分を律する姿勢を持つ⇒株価が上下しても一喜一憂しない

株式投資の考え方

私が株式投資をおすすめする理由を、具体的な例を挙げて説明します。

ＳＢＩ証券の次ページの表にもあるように、サマンサタバサ（バッグなどで有名なファッションブランドの会社）の株を一株だけ買いました（２万円台）。

買った理由は、

・海外ではなく、日本のブランドバッグを応援したいと思ったため
・この会社のバッグはとてもかわいいので、将来、アジアなどの海外でも売れるのではないかと思ったため（サンリオも以前同じような理由で買って、株価が大きく上がった）

サマンサタバサジャパンリミテッド (7829)

ポートフォリオへ追加　株価

東証マザーズ(当社優先市場)　PTS　PTS株価比較

[無期限信用] [信用] [貸株]

株価 | ニュース | チャート | 評価レポート | 四季報 | 株主優待 | 分析 | コーポレートアクション

現物買　現物売　信用買　信用売

現在値 36,900↑　前日比 0 (0%)
(13/07/04 09:43)

情報表示　詳細　稼働　停止　自動更新 ON OFF

始値	36,500 (09:00)	前日終値	36,900 (13/07/03)
高値	36,950 (09:01)	出来高	98 (09:43)
安値	36,500 (09:00)	売買代金	3,578 (千円)

売気配株数	気配値	買気配株数
--	成行	--
1	37,350	
4	37,300	
1	37,250	
2	37,200	
2	37,150	
3	37,050	
8	37,000	
4	36,950	
	36,900	6
	36,550	1
	36,500	1
	36,400	1
	36,300	1
	36,200	1
	36,150	3
	36,100	13

VWAP	36,514.7959	売買単位	1
制限値幅	29,900 〜 43,900 (13/07/04)		
年初来高値	39,800 (13/05/05)	年初来安値	30,150 (13/06/07)
上場来高値	2,380,000 (05/12/28)	上場来安値	23,900 (09/03/12)

| 信用データ

信用売残	--	前週比	--
信用買残	3,971	前週比	-86
貸借倍率	--倍	信用/貸借	信用

5分足　13/07/04 09:43

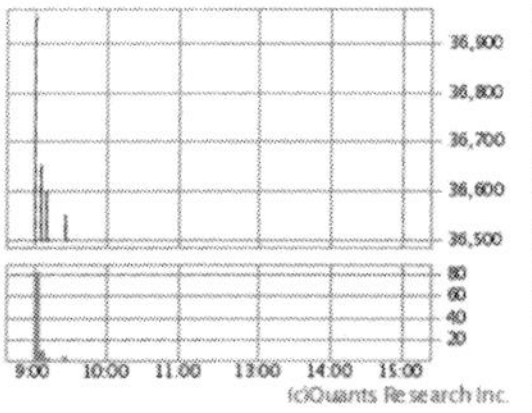

詳細チャートへ

1日　1ヶ月　3ヶ月　6ヶ月　1年　3年

| 投資指標 14/02期(連)

予想PER	18.61倍	予想EPS	1,983.2
実績PBR	1.63倍	実績BPS	22,637
予想配当利	2.17%	予想1株配当	800

1株データ更新日:05/27　© 東洋経済新報社

投資指標データの更新及び算出式について

PTS株価　取引所・PTS株価比較

現在値　---
基準値比　-- (--%) (--/--/-- --:--)

・株主への優待特別価格販売会が東京と大阪の会場とインターネットショッピングサイトで行われるため
・小さい金額なので、万が一上場廃止になっても打撃がないため
・円安になれば輸出が伸びるのではないかと思ったため
・配当利回りが高いため
・株価が高いかどうかを示す指標ＰＥＲ（株価収益率）やＰＢＲ（株価純資産倍率）、ＲＯＥ（株主資本利益率）も悪くないため

最初はこの程度の理由で買えばいいのではないかと思います。そのうち、財務状況や経営にも興味が湧いてくるでしょう。

また、この会社は輸出をしていないようですが、輸出をしている企業であれば、為替が気になります。為替や株価をチェックしているうちに、**為替や株価が政治家などの発言で動くことがわかります**。ニュースに敏感になったり、なぜこの人がこのタイミングでこんなことを言うのだろう、ということが見えてきたりします。

また、優待特別価格販売会で、自分が欲しかったバッグやファッショングッズが安く買えたら、投資した分が回収できるかもしれません。

さらに、株主へのプレゼントとしてブレスレットが届き、ランチ一回分ぐらいの配当も振り込まれました。銀行の普通預金や定期預金に入れておいても、そんなに増えることはありません。**お金が働いてくれるこの仕組みをどんどん増やしていくと、働かなくてもお金が入ってくる日がくるのです。**

一方で、配当の高い株を選んで失敗したことがあります。配当も高くて、優待として豪華なプレゼントを出していたある会社の株を買ったのですが、業績不振で、配当も優待のプレゼントも廃止になってしまいました。業績が悪く、資金が欲しいために、必死に高い配当を出していることもあるのです。財務諸表をチェックしないで、高い配当利回りだけにつられてしまいました。

株式投資を長くしていると、「ここはチャンス」というトレンドが見えることがあります。**いつも準備をしておけば、そういうときに儲けることができる**のです。

株式投資に必要なこと

1. 余裕資金で始める（リスクを負える範囲で行う）
2. あらゆる可能性を考える
3. 株価の予測は当たらないという事実を認める
4. 損を出したらその原因を探り、次に同じ失敗をしないようにする
5. 一時の上げ下げに左右されない強い意志を持つ

さらに株式投資に必要なものは、**安定した感情**です。自分を律することができないと、株価の上げ下げに一喜一憂したり、大きく下げたときに恐怖を感じて売ってしまい損をしたり、ということが起こります。私は、**株式投資は「修行」だと思って、自分を律することに取り組みました。**

2006年のライブドア・ショック（株式市場の暴落）のときには、私はある程度自分を律することができていて、まわりの人のパニックを冷静に見ることができました。一つの企業の不祥事が日本の実体経済に及ぼす影響がそれほど大きいと思えなかったので、ずっと欲しいと思っていた会社の株を大きく下がった株価で買うことができたのです。そのときは、長期保有のつもりで株を買ったものの、すぐに株価が大きく跳ねたので、売ってしまいましたが……。

株式投資は〝修行〟。準備をし、落ち着いて臨もう

不動産投資という選択肢

株を始めてしばらくたったある日、株の師匠から、株の売買の利益でワンルーム・マンションを買って家賃を得ている、という話を聞きました。ふと思い出したのは、義父のこと。イスラエルに行ったとき、不動産事業で成功していた義父は、所有する物件を見せてくれたり、どうやってゼロから資産を築き上げたかを教えてくれました。

最初にイスラエルに行ったときには４ヶ月滞在し、その後も私たちは数回イスラエルに招待してもらい、一回につき数週間滞在させてもらいました。それだけでなく、タイ旅行やドイツ旅行も招待してくれたのです。また滞在中や旅行中はいつも一緒にいて、いろいろと話をしてくれました。

特に、「家をタダで入手して人にプレゼントした」という義父の話は衝撃的でした。なにしろ、私はずっと借家に住んでいましたし、家は一生手にいれることができないかもしれない、と思っていたからです。頭を使うことで不動産を手に入れることができるのであれば、ぜひ私もやってみたい、と興奮しました。すぐには始められませんでしたが、2人目の子の出産、離婚を経て、仕事が安定してきたことを機に、いよいよ取り組むことになりました。

まず不動産投資のセミナーに通い始めたのですが、これには勉強させられました。あるセミナーでは参加者が自分の不動産投資について話をしていたのですが、どう考えても空室率が高かったり、利益のあまり出ないプランになっていて、「儲かっていない」「リスクが高い」と思える話が多かったのです。また、お金に困っている人が「金持ちになるためのセミナー」を開催している笑えないセミナーもありました。

中には、物件を売る目的で主催された、豪華な食事つきの女性向けセミナーもありました。不動産の知識のない人たちが、「先着3名様は300万円引き」などと

〈不動産投資について〉

■メリット

- 株や債券のようにゼロになるリスクが少なく、長期に安定した収入を得やすい
- 頭金ゼロからでも始められる可能性がある
- 不動産購入費用の返済に入居者の賃料をあてられる
- 老後の年金代わりになる
- 団体生命保険に入ることで、ローンが途中でも残りの支払いが相殺され、生命保険代わりにもなる
- マンション経営の場合、通常の土地を相続する場合に比べ相続税が安く、所得税も通常より軽減される

■デメリット

- 知識を仕入れずにやろうとすると、価値の低い物件を売り込まれて苦労する可能性がある
- 不動産はすぐに現金化できないため、長期的な投資スタンスを持たなければならない
- 空室が増えると、予定していた賃料が得られないので投資計画に狂いが生じる
- 地震や火災によって建物が倒壊・消失してしまうリスクがある

■ユダヤ人大富豪に学ぶ考え方

- 情報を本やネット、セミナーで得た後は、実際に不動産会社の人に会う・物件をたくさん見る
- 人から勧められる情報をうのみにしない。自分に合う投資を考える

いう話に飛びついていたのを見て、残念に思ったことを記憶しています。
投資家から見て明らかによくない物件を強引に売り込むセミナーもあると言います。不動産投資家から注目を集めるマレーシアなどの新興国の不動産を、現物を見せずに、巧みな技で購入させるケースも増えています。みなさんも、「無料セミナー」には十分注意してください。

こういった、内容のないセミナーかどうかを見破るためには、受講者側にある程度の知識が必要です。
知識をつけるためのおすすめの方法は、まず、初心者向けの王道書籍を読むこと。『不動産投資の学校【入門編】』（日本ファイナンシャルアカデミー編著、ダイヤモンド社）などがよいでしょう。

大まかなことがわかったら、ワンルームなどの区分物件への投資、物件の価格の全額の融資を受けるハイ・レバレッジな投資、地方の物件への投資など、それぞれの投資方法について書かれた本を読んでみてください。

その後、自分の投資方法を大体決めてはじめてセミナーに行き、実際のところを聞いてみましょう。そして、本やインターネットでは得られない情報もあるので、**実際に人に会ってみること。さらに物件をたくさん見てみること。**この２つが特に重要です。

不動産投資では、必ず本を読み、人に会い、物件を見よう

不労所得を得る

不労所得とは文字通り、「**自らが労働しなくても、得られるお金**」のことです。この「お金を生み出すものを持つ」ことで、やり方によっては高い収入を得ることができる魅力があります。

不動産投資について勉強を始め、しばらくたったある日、株の師匠から電話がありました。私がワンルーム・マンションの投資に興味津々だったので、掘り出し物件を見つけた株の師匠が教えてくれたのです。

「安い金額でワンルーム・マンションが売りに出ているよ。見に行くといい。今すぐに！」

私は翻訳の仕事の最中でしたが、

「子どもを保育園に迎えにいく時間までにどうにか帰ってこれる！」

そう思って家を飛び出しました。

物件を見た後、不動産屋さんに走りこんで、「買います！！」と買付を入れたのでした。売値はあくまで売主が売りたい金額なので、多少低い買値でもいけると判断した私は、売りに出されている金額よりも若干低い金額を申込書に書き入れました。

買付に成功した私は数日後、不動産屋さんで売買契約をしました。相手は高齢の女性経営者で「娘の結婚のために現金がすぐに必要なの」とおっしゃっていましたが、売り急いでいる理由は資金繰りではないかと直感。いい買い物かもしれないと思う一方、数百万円の買い物ははじめて。さすがに私も怖くなって、ドキドキしていました。

「入居者が見つからない最悪の場合でも、数千円の管理費と修繕費を毎月払い、年に一度の固定資産税と都税数万円を払うだけ。そのリスクはとれる」

「家賃を半分に下げたら、入居したいという人は必ず現れるのでは？　低金利の定期預金をしているよりもずっといい」

こんなふうに考えて、気持ちを落ち着けました。

株の師匠のおかげで、その投資はうまく行きました。毎月入ってくる家賃は、手がかからない「不労所得」となったのです。フリーで仕事をして「ずっと仕事は続くのだろうか。ずっと健康でいられるだろうか」と不安を抱えていた私に、毎月数万円お金が入ってくるのは、とてもありがたいことでした。現金で購入したのですが、約6年後に売却したときには、買値より少し高く売れました。入居者さんは一度も修繕の依頼もせず、退去もせず、ずっと家賃と更新料を支払ってくれたのです。私は部屋を一度も見ることがありませんでした。

株の配当も微々たるものですが、ありがたく思っていました。知識があるかないかで、お金が入ったり減ったりするのですから面白いものです。投資の勉強をすればするほど、「金額」という結果になって表れるところも魅力でした。

そのうち、ジム・ロジャースなどの著名投資家の高額セミナーにも行くようになりました。しかも、経営者としての勉強なので、会社の経費で参加できるのです。生意気なようですが「節税」にもなりました。

お金の勉強量は「金額」に現れる

会社を作って節税する

フリーになってから数年後、私は会社を設立しました。法人化すると節税になるという話を聞いたためです。法人にするとメリットが享受できる分岐点は、私の場合、売上800万円以上でした（詳しくは、税理士さんに聞いてみることをおすすめします）。

法人化するメリットはいろいろありますが、特に、次の5点だと考えています。

・会社の信用度が大幅にアップする
・万が一事業が赤字になった場合、繰越控除期間が3年から7年に伸びる
・会社の資産を法人名義にすれば、原則として子どもなどへの事業承継時に相続税

がかからない
・事業主やその同族役員への退職金や生命保険料などを会社の経費に算入できる
・事業主やその同族役員の住居を役員社宅にすることができる

その他、自宅の一部屋をオフィスにしたので、私個人へ家賃の支払いをしています（私はそれを住宅ローンの支払いに回しています）。

中でも、最も助かったのは、生命保険やセミナー受講費などを「経費」に算入できることでした。

駆け出しの頃、通帳にお金が増えていくのは嬉しかったのですが、仕事がなくなるという不安から仕事をたくさん受けて徹夜をしたり、床やイスの上で寝る日が続くこともありました（今でもありますが）。そして、仕事の〆切が近づくと、必死に逃げたり、隠れたりしている夢を見るのです。そうまでしてお金が欲しかったわけではないのですが、それだけ不安だったのです。

忙しかったためお金を使う暇もなく、かといって経費として計上できるものもほとんどありませんでした。当時は知識がなく、経費にできるものも申告していなかったため、税金がとても高くなりました。収入に応じて決まる保育園の保育料や健康保険も一番高いものになり、支払いが増えました。

ところが**法人化し、節税対策を行ったことで、無駄な出費が収まり、本当に欲しいものにお金を集中して使えるようになりました。**ただ仕事を請け負うだけでなく、**経営センスを磨くことができたことも、大きな収穫です。**

法人化に必要な法人口座の開設ができるという連絡を受け、銀行へ行った際のことは今でも忘れません。数人の融資担当者に囲まれて、「その年収なら住宅ローンが組めますよ。当行でぜひ」とすすめられました。住居に関してはコンプレックスがあったので、自宅を持てると知り、嬉しくなりました。

売上800万円以上になったら、法人化も検討する

自宅を持つということ

住宅ローンが組めるということを聞いてから、私は自宅の土地を探したり、モデルハウスに通ってどんな家を建てるのかイメージをふくらませたりしていました。

「自宅か賃貸か」という記事を何度も見ますが、総コストではほとんど変わらないと言われています。私の場合、実家が借家で４畳半の部屋を妹とシェアしていたので、「自宅」そして「広い空間」は夢でした。かなわないと思っていた長年の夢が現実のものになりつつありました。

心地のいい、木をふんだんに使った北欧系の家。
家の中にも外にもあふれんばかりの花や木。

シンボルツリーがあって、その側を元気に駆けまわる犬。
木の枠の窓からは木々がそよそよと見えて……
アスファルトではなく土の上で楽しそうに遊ぶ子どもたち。
小川から聞こえる、優しい水の音。
イメージは軽井沢。でも都内の実家にも近い、便利さも兼ねそろえた場所かな。

そんな妄想の時間はとても幸せでした。ある程度稼げるようになった私は、お金を貯めるだけでなく、感動したり、心地よいと感じたり、お金があるからこそ想像できるいろいろなことについて考えていられることが大切だと気づいたのです。

不動産投資を勉強し、エリアについての知識が増えていたことから、自宅用の物件は、価値の下がりにくい場所を選ぶことができました。東京都下のターミナル駅から歩いて約10分のところです。周辺地域の相場を調べて割高だったので、大幅に値切って購入できました。

当初は憧れの北欧系の住宅を建てるつもりだったのですが、準防火地域という地域で、どうしても欲しいと思っていた木の窓枠が使えないことが判明したのです。ショックで家の建築がいやになってしまったほどです…。しかしすぐに気を取り直して、建築士さんを探し、いわゆる「注文住宅」を建てました。壁紙、床材、システム・キッチン、バス・ユニットなど、一つひとつ自分で選択。自分の希望した家ができました。建築士さんと相談しながら細部までこだわることができ、文字通り「自分の城」にすることができ、ホッとしました。

感動したのは、完成して3ヶ月後に念願の犬を迎えたときでした。捨てられた犬や猫を保護しているNGOから、生まれて4ヶ月のビーグルを引き取りました。今ではペットを飼ってもいい賃貸物件も結構あるかと思いますが、その当時はそれほどなかったので、「自宅を持つメリットのひとつ」だと思いました。子どもたちも大喜びで、私もそれを見て心から嬉しくなりました。

私はこのように自宅を入手しましたが、中には「賃貸に反対なんだって？」という人がいます。そうではなく、もちろん賃貸派という人がいてもいいのです。

投資家の間では「自宅は負債」という考えがあります。ロバート・キヨサキ著の『金持ち父さん貧乏父さん』（筑摩書房）に書いてある通り、自宅はお金を生みません。それどころか、修繕費や固定資産税の支払いがあります。多くの賃貸マンションを所有する友人や知人でも、賃貸住宅に住んでいる人は多いのです。

人はそれぞれですから、違っていて当たり前。私はそういう違いを楽しんでいます。人類が進化してきた過程を見れば、全員が同じことをするというのはありえません。みんなが違うことで生きてこれたという面もあるでしょう。

ですから、投資家の中で「賃貸の方がいい」という意見があったとしても、**あなた自身が自分の頭で考えることが大切です。**

自宅は負債か財産か？　自分の頭で考えよう

自宅を「戸建」にこだわった理由

私がわざわざ、ターミナル駅から徒歩圏内に土地を買って家を建てたのは、次のような理由からです。

・自分の家を持ちたいという夢があったため
・デフレがずっと続いていたので、一部の土地は値段が上がるのではないかと思ったため（さらに下がるとしても下げ幅は小さいと考えた）
・ターミナル駅至近にモノレールができ、次々と大きな商業施設が立つ予定になっており、便利で快適な生活が送れるため
・家の一室を仕事部屋にして、自分の特許翻訳の会社に貸し、家賃を得て、ローンのほとんどをその家賃で払うことができるため

自宅を負債と考えるどころか、ターミナル駅周辺が劇的に進化しているので、キャピタルゲイン（土地の値段が上がっている場合などに、売却時に出る差益）を得られるのではないかという野望すら持っています。仮に全くの負債であるとしても、誰にも迷惑をかけていませんし、自宅を持つ夢がかなって満足です。

ちなみに、リビングルームと仕事場はインテリア・コーディネーターにコーディネートしてもらい、造作家具（作りつけの家具）を取り付けました。そんなことができるのも、自宅ならでは。私の場合、毎日長時間過ごす自宅は、とても大切な空間です。自分の好きなようにできてハッピーです。といっても、シンプルなものが好きなので、奇抜な空間にはなっていませんが。

当時は車の運転をしていなかったのですが、自宅を売ることになったときのことも考えて、駐車場を作りました。今では車を所有し、ドライブを楽しんでいます。私は大家でもあるので、物件の管理には車で行くのですが、気分転換になって楽しいですし、それだけでなく、いざというときには車で避難できるということを東日本大震災の後、学びました。もし、福島の原発がまた危機的な状況に陥ったときには、車で東京を離れようと思います（そのため、常日頃からガソリンはたっぷり入れています）。

常に、どんなことに対してもあらゆるオプションを考えておく必要があるということは、義父や元夫、そして投資を通じて学びました。ユダヤ人は長い間、迫害や追放というものに遭っています。彼らはいつもサバイバルを考えているのです。子どもたちのボーイスカウトの活動を通じて学んだ「備えよ、常に」という言葉がありますが、珠玉の言葉だと思います。あなたもいつも様々なことを想定して備えてください。不安はぐっと減って穏やかになれます。

しかしながら、自宅は、ローンの支払いが延々と続くという側面もあります。いつリストラや会社の倒産という事態が起こっても不思議ではない今日、よく考えてから買ったほうがいいかと思います。投資家の考え方では、何度も言いますが「自宅は負債」です。不動産投資の勉強をした人で自宅を先に買ってしまった人は後悔することもあります。また不動産投資の勉強が役に立って、賃貸併用住宅を買ったり、投資家目線で自宅をおトクに買えたという人たちもいます。ですので、自宅や不動産の購入を考えている人も、不動産投資を考えていないとしても、不動産投資の本を数冊読んでみるといいでしょう。

自宅を買うときは、よく考えてから行動しよう

リスクに備える

不安や恐怖は「知らない」から大きく感じられます。いろいろ知識を蓄えるようになると、不安や恐怖は減ります。大げさな話をすると、不動産の価値をわかるようになってきて、２億円台の物件でも４億円の価値があるとわかれば、不安や恐怖はぐっと減ります。

不動産投資には様々なリスクがあり、どこかでローンの返済ができなくなったら、人生が終わってしまうのではないか。やり直しができないのではないか。そんな恐怖が漠然とありました。

リスクをひとつずつ考えてみると、軽減できる方法があります。

たとえば地震に対しては、次のように考え、対策を取りました。

1. 新耐震基準に合っているもの（1981年以降の物件）を選ぶ
2. 2次災害が怖いと思うので津波や浸水の可能性があるエリアを避ける
3. 地震保険に目いっぱい入っておく

新耐震基準に合っている建物は、阪神大震災のときに倒壊していないという話を聞くと、さらに不安は減りました。

絶対に避けたいのは、子どもの将来をダメにしてしまうこと。対処方法として、私は子どもたちを連帯保証人にしていません。万が一借金を背負うことになってしまった場合、子どもたちには相続を放棄してもらえば借金を受け継がなくてすみます。最悪の場合は破産する覚悟もしています。

ある不動産屋さんは、バブルの時代、20億円相当の物件を持っていたのですが、ローンの支払いができなくなり、不良債権となってしまったそうです。しかし、その方はまだ不動産屋さんをしています。銀行の指示通り物件は手放し、そのときの不動産屋は畳み、新しい不動産屋を開業したそうです。20億円もの借金を背負ったら「死」も考えてしまうかも、と思っていたので驚きました。

そんな話を人にすると、「私の親も借金をチャラにしてもらった」という人たちもいました。当然、借りたお金は返さなくてはいけません。しかしながら、万が一借金が返せなくなっても命で償わなくてもいいのだと知ると、恐怖はさらに小さいものになりました。

恐怖心は「知る」ことで軽減することができます。不動産など大きな買い物をするときには恐怖心がつきものですが、**勉強をし、情報を仕入れ、知識を蓄えることによって恐怖は徐々になくすことができる**のです。

知識を蓄えることほど、恐怖心に勝るものはない

融資を引き出すために

自宅を購入する際、5000万円ほどのお金を借りることができた私は、投資用のアパートかマンション一棟につき5000万から7000万円ぐらいだったら借りられるのではないか、と思い始めていました。事業用資金を借りて欲しい、と銀行の人たちが何度も来ていたことも背景にあります。そこで、敷居の低そうな信用金庫などに融資の相談に行ってみました。自宅のローンを借りて欲しいと何度も言われたので、いい返事を期待していました。

ところがまさかの門前払い。

「お母さんがそんなにがんばって働くより、お子さんと一緒にいてあげてください」

「あなたには2000万円だって貸せない。借金の重みを知らないのでは?」

「貸すとしても、ご主人がいらっしゃらないので、金利が高くなります」

一戸建てと投資用物件とでは、融資の条件が異なることを思い知りました。

しかし、人の倍以上は働き、それなりの収入も得ていた私は、なぜだめなのか、理解に苦しみました。子どもたちのためにも、あきらめるわけにはいきません。

ふと思い出したのは、義父のことでした。不動産投資そしてディベロッパーとして成功した彼のアドバイスを求めて、家に来る人たちがたくさんいたそうです。ユダヤ人は成功した人を妬んで遠ざけたりせずに、成功を祝い、どうやって成功したのかを聞きます。**成功した人も、自分のやってきたことを教えたり、アドバイスをしたりするのです。**

そう思った私は、第1章の「師を持つ」でも書いたように、アドバイザーになってもらう人を見つけ、何度も教えを乞いました。

あるとき、自分でも物件を探していたものの、アドバイザーに紹介してもらったある2億円の物件を一人で見に行くことにしました。一人で行ったのは、そのときは内心「2億円は絶対に無理だ」と思っていましたし、一緒に見に行ってもらっても無駄足になってしまうと思ったためです。また、億単位の借金には恐怖を感じており、「あなたには2000万円も貸せない」という銀行の人の言葉も忘れていなかったのです。

その物件は見送ったのですが、後日、かなり割安と思った2億円台の物件を一緒に見に行くことにしました。アドバイザーは一級建築士でもあるので、建物のことも説明してもらい、知識を徐々に増やしていきました。

何としてでも融資してもらい、不動産投資を実現したかった私は、アドバイザーに、銀行へ融資を申し込みに行くときの書類を見てもらいました。そして私はアドバイスに従い、「シングルマザー」ではなく、「成功している経営者」として自分をプレゼンテーションしたのです。

節税のために法人化した話を先ほど書きましたが、私は「社長」です。さらに、一生懸命働いた結果を示している決算書も評価していただけたのです。

富裕層の顧客を多く抱えるアドバイザーの紹介ということも大きかったのか、銀行は私一人のときよりも真摯に対応してくれました。にもかかわらず、融資はNO

という返事だったのです。

また別の銀行でチャレンジしました。しかし、なかなか融資は下りません。断られるたびに落ち込んで「やはり投資マンション一棟は買えないかもしれない」と思い、行き場のない怒りを抱え、何度も失望しました。人格を否定されているわけではないのですが、そのように感じてしまうこともありました。融資を取り付けるためには、**戦略的にプレゼンのやり方を工夫することが必要**だと、強く感じたのです。

不利な状況のときこそ、戦略を練る

一度や二度の失敗で、あきらめない

アドバイザーもさすがに私を見限るかも、と心配になったのですが、アドバイザーは「次の戦略を練りましょう」と、既に次の戦略を考えていました。**成功している人ほどあきらめない**のだと学びました。このアドバイザーの助けを得て、「もう一度がんばる」と気持ちを奮い立たせ、次のアクションを起こしました。

成功者から、成功の要因として「あきらめない」「モチベーションを下げない」とよく聞きますが、とても難しいと感じていました。私の場合は、「成功している人たちや同じような状況にいる人たちと会う」ということで、モチベーションを下げないようにしています。

「もういやだ」と思ったときに、就職活動フェアで講演をしていた、憧れの女性投資家に会いに行ったことがあります。学生たちに混ざって話を聞いた後、話しかけてサインをもらいました。「(物件を) 値切って安く買ってくださいね」と言ってもらって、「よし、またがんばろう!」という気になりました。あなたもモチベーションを下げないための工夫をいくつか考えておきましょう。

何回かそういうことをくり返した後、私の父を連帯保証人として融資をしてくれる銀行が見つかりました。私は嬉しくて、「父を必ず説得しよう」と心に決め、銀行でプレゼンテーションした資料を持って、時間をかけて丁寧に、誠実に説明をしました。父が連帯保証人になってくれると言ったときには、「やっと苦労が報われる」と心からの喜びに包まれ、天に昇った気分でした。

ところが翌日、「お父さんね、寝込んでいるんだよ。連帯保証人の件はあきらめてもらえない? 本当にごめんね」という母からの電話で、天から落とされました。そんなに負担をかけているとは知らなかったので、私は「あきらめるよ。大丈夫」と明るく言って電話を切ったのですが、本当は数年に渡って取り組んでいたことがやっとうまくいくと喜んでいただけに、悲しくて悲しくて涙が止まりませんでした。

当時私は、結婚するまでの住環境が悪かったことを、父が住宅ローンというリスクを背負いたくない恐怖心のせいだとずっと思っていました。連帯保証人と言ってもリスクは父にほとんどかからないようにしているのに、それすら協力してくれないことに、どこに感情をぶつけたらよいのかわからず、昔のことまで責めたくなるほどでした。親身になってくれているアドバイザーにも申し訳なく思いました。

翌朝、アドバイザーに電話をかけて事情を話すと、「まあ、あの年代の人で借金が苦手な人はいるから。どうしようもないですよ。次の作戦を考えましょう」と、軽々とおっしゃるのには本当に驚きました。

よく考えてみれば、数千万円の住宅ローンを嫌がる人は多いですし、父もそれが嫌で住宅を購入しなかったわけです。その十倍の金額はあまりに重かったのでしょう。父の気持ちにもっと寄り添えばよかった、申し訳なかったと思いました。また「どんな場合でも人を責めても物事は好転しない」ということを胸に刻みました。

『ザ・ゴール』（ダイヤモンド社）の著書で有名なエリヤフ・ゴールドラット博士も言ったように、「人を責めてみても、問題の解決にはならない」「人を責めると、間違った方向に行ってしまう。正しい方向からどんどん遠ざかってしまって、よいソリューションなんか見つからなくなってしまう」のです。

うまくいかないことがあったとき、人のせいにしても、前に進めません。自分ができることを精一杯考えて実行してみると、案外、どこかでうまくいくものです。

結局、また別の物件が見つかり、元夫を連帯保証人として認めてくれる銀行が見つかりました。元夫は不動産投資のことはわかるうえ、数字もよくわかるので、保証人になってくれて、私は約3億円の投資用物件を購入することができたのでした。

銀行での決済を終えた後、取得したばかりの5階建ての物件の屋上に子どもたちを連れて行き、「この物件、買ったんだよ」と報告しました。

子どもたちの驚き、嬉しそうな顔。

手にした物件の鍵の束。
３６０度の景色。
心地よい風。
すべてに祝福されている気がしました。

あきらめない。人のせいにしない人に、成功は訪れる

堂々とふるまう

マンションを一棟購入してから2年後に、私はもう1棟取得しました。３億円の物件です。１棟目の経営がうまくいっていたため、融資は比較的簡単におりました。

私はもともと自分に自信がなく、おどおどしていました。一章でも述べましたが、緊張してしまい、言葉が出なくなってしまうほど。不動産投資をする頃には、おどおどしたりすることはなかったのですが、銀行へのプレゼンテーションなど、自分が評価される場面ではやはり、緊張しました。アドバイザーに「もっと自信を持つように」と何度も言われました。銀行では、言葉が出ないということはなかったのですが、逆に、自分に不利になるようなことを、緊張して不用意に話してしまったのです。しかし、堂々としているふりをしたり、堂々としている人になりきってふるまったり、場数を踏むことで、自信を持ってふるまえるようになってきました。

また「見た目」のレッスンを受けたことがあります。講師に、「あなたは胸を張るだけで自信に満ちて見えるよ」と言われました。パソコンで仕事を長時間するため猫背になりがちなので、健康と美容のためにも胸を張ることを心がけるようにしています。すると、不思議と自信に満ちた気持ちになるのです。

エイミー・カディという社会心理学者の研究でもそれは証明されていました。彼女によれば、「ボディランゲージは、自分に対する他の人の見方に影響するだけでなく、自分自身の見方にも影響する」ということです。実験の結果、体を広げる力強いポーズ（例えば、足を開いて立ち、胸を張って、手を腰にするようなポーズ）を2分間するだけで、テストステロン（支配性のホルモン、力を持つ人はテストステロンが多い）が上がり、コレチゾール（ストレスのホルモン）が下がり、脳の状態が変わり、堂々とふるまえるというのです。力強く有能なリーダーは、テストステロンが高く、コレチゾールが低い。たった2分間そのポーズをするだけで、リーダーのように堂々として見え、面接などで選ばれるそうです。

なぜなら面接など人に判断される場面では、内容ではなく、その人が話す態度が重要だからです。私たちは話す内容で判断されると思いがちですが、実は態度で判断されています。堂々としている人の方が面接などでは受かるということなのです。

体が心を変え、心が行動を変え、行動が結果を変える。できるふりを、本物になるまでしてください、というのが、エイミー・カディのメッセージです。


２棟（６億円）の物件を取得したというと「すごい」と言う方もいます。実際は融資を受けているので、６億円を持っているわけではないですし、物件は銀行のものという認識をしています。しかしやはり、**大変だったことを達成したことは、大きな自信につながっています**。

体が心を変え、心が行動を変え、行動が結果を変える

自分の強みを社会に捧げる

下の子どもが高校を卒業したら、とりあえず子育ては終わりです。楽しかった子育てですが、子どもは社会からの預かり物で、自立させるのが親の役割だと思っています。しかしその後、心に穴が開きそう……。そんな風に思った私は、自分を最大限に生かして社会に貢献したいと考え始めました。

社会貢献を考え始めたのは、元夫がよく、「ユダヤ人はユダヤ人に対して責任がある」と言っていたことが心に残っていたからです。彼らには迫害された長い歴史があるので、お互いを守り合わなくてはならなかったのでしょう。どんな事情にせよ、家族のきずなが強くて、何か困ったときには見知らぬ人からも助けてもらえる。そんな社会に行ったとき、私は安心で温かいものを感じました。

それに比べて日本では、特に私は東京に住んでいるということもあるのだと思うのですが、他人に無関心すぎますし、自分がよければそれでいい、という人が多すぎる気がします。まわりの人たちにもっと関心をもって関わり合える社会にしたい、というのがばくぜんとした夢です。

ある知人の高齢の女性は、「家を持っている人」、つまり、ある家の長男と結婚しました。「家を持っていない人」と結婚した私の母を、考えがない、とばかにしました。そして長男の嫁として、夫の母親の面倒を見るので、もう少し広い家が必要、と言って夫の兄弟からお金を出してもらい、家を購入。子どもに恵まれなかったのですが、将来が不安だといって男の赤ちゃんと養子縁組をしました。やがて、夫の母が亡くなり、夫も亡くなりました。養子は成人して社会人として働いていたときに、精神的な病気にかかってしまったのです。女性と養子となった男性の間に何があったか知らないのですが、女性は養子と縁を切り、家を売り、そのお金で介護付きの老人ホームに入りました。噂では、養子となった男性に面倒を見てもらうどころか面倒を見なくてはならなくなったため、縁を切ったとのこと。女性は自分がお金に困ったりすることのないように、自分のことだけを考えて生きてきたのです。お金にしがみついている彼女の人生は、恐怖でいっぱいです。

誰かにお金を取られるのではないか。誰かからお金を取れる機会があったら、どうにかして取らなくては。取れるだけ取って、分けることは絶対にしないというポリシーを貫いているのは、ある意味、すごいです。

確かに、自分のお金を自分で使い切って死ぬ、というのも悪くないと思います。しかし今、彼女を訪ねる人は誰もいません。親戚は、自分だけが得をしようとしている女性に対し、愛情を感じることがないのでしょう。

自分だけのためにお金を貯めて安全な生活ができたとしても、誰にも気にかけられないのは寂しいものです。もし彼女が、子どもや親戚や友人のことをもっと考えていたら。そして社会に貢献することを考えていたら、状況はもっと違うものになっていたのではないでしょうか。

最近、幸せに成功する人は「**応援される人**」だと感じています。**応援される人は、**

多くの人の幸せにつながる使命を持ち、社会をよくするための活動をしている人かと思います。使命は自分のためにもなっているのです。

あなたもぜひ、社会をほんの少しでも良くする、という気持ちで行動してほしいと思います。

幸せに成功する人は「応援したい」をたくさん集められる人

「出版」という社会貢献

自分にどんな社会貢献ができるのか考えていたときにたまたま見つけたのが、「自分の強みを発見する講座」でした。そこではじめて、自分の強みはなんだろう、と向き合ったのです。そのときに学んだのが、「**自分がやりたいことで貢献するのではなく、人から求められていることで貢献する**」ということ。そして人が私に聞きたいことは、「ユダヤ人と出会ってから、お金が貯められるようになったり、資産を築けるようになったりしたこと」だとわかったのです。

実はその講座は、出版のプロデュースをしている会社が開催していたので、その強みを入れて書いたプロフィールを使って、出版を目指そう、という流れになっていきました。出版を目指して強みを見つけることをしていたわけではないのですが、結果的にそうなっていきました。考えてみたら、作家になりたいという夢が小さいときからずっとあったのです。

現在はすっかり肩書きになってしまっていますが、そもそも「６億円の不動産投資家」などと人に言いたいわけではありませんでした。しかし出版に必要なプロフィールなのだと割り切って努力するうちに企画書が通り、２０１２年、『ユダヤ人と結婚して20年後にわかった金・銀・銅の法則50』（経済界）という本を出版したのです。

出版するに当たって、私にとって一番むずかしかったのは「受け取る」ということでした。つまり「本を出すので応援してくださいね」と人に言い、応援してもらうことです。私は一人でがんばってしまう方ですし、人に与える方が与えられるよりずっとラクなタイプです。人に何かしてもらうと、「自分にはそんなことをしてもらう価値がない」というような気持ちになってしまいます。けれども「受け取る」ということも「与える」と同じく大切なことだと気がついてから、きちんと感謝して受け取ることができるようになりました。

ついついがんばってしまうあなたも、ぜひ受け取ることをしてみてください。たまには人に甘えてみることで、道が開けることもあることでしょう。

相手からの気持ちは丁重に受け取る

つきあう人を変えると、人生は変わる

投資用の物件をまだ持っていなかった頃、セミナーで知り合った人が、億単位の投資をしているサラリーマン大家さんたちの飲み会に誘ってくれたので、のこのこついて行ったことがありました。「物件、持ってないの？」などと驚かれたりして、投資用物件を持っていないことが恥ずかしくなったりしたものです。

「つきあう人を変えると人生が変わる」という話がありますが、まさにそういうことではないかと思いました。認識が変わってくるのです。もしかするとそれまでの友達を捨ててしまうイメージがあるかもしれませんが、そうではありません。友人とはそのままつきあい、**新しくつきあう人たちを増やしていけばいいのです**。

不動産投資をしたいと思ったときには、不動産投資をしている人たちとつきあう。

出版したいと思ったときには、著者とつきあう。そういう方法で私は夢をかなえてきました。友人や知り合いの数は絶えず増えるので、すべての人たちとのつきあいは続きませんし、「あなたはステージが変わってしまった」と思って近寄らなくなる友人も出てきます。私は絶えずチャレンジしているので、社会的に見て「ステージが上になる」と言われることがあります。しかし、自分自身は何も変わっていません。疎遠になってしまう人たちのことは残念ですが、私と一緒にいて心地よいと感じないのであれば、特に何もしません。去る者は追わず、です。

あなたも何か目指すことがあれば、ぜひ目標となるような人とつきあってみてください。「ステージが下」の人が近づいてくると嫌がる人もいますが、親切に教えてくれる人がほとんどです。

つきあう人が変わったら、ステージが上がった証拠

エピローグ

リスクを取って行動したからこそ、今がある

「私にとって最大の学校はジョークであった。世間が信じているルールだけを鵜呑みにしてはならない。そのルールに縛られていては、そのルールを覆す新しいものを生み出すことはできないからだ」

これは、アインシュタインの有名な言葉です。誰も思いつかない発想で世間を驚かせてきた彼ならではの言葉とも言えるでしょう。

世間はルールを外れていることに対し、容赦なく反対意見を浴びせてきます。私もこれまで転職、ユダヤ人との結婚と離婚、不動産投資、出版などを経験しましたが、反対する人たちも数多くいました。特に不動産投資は、「危険だよ」「やらないほうがいい」という人たちのアドバイスで、何度も挑戦するのをやめようかと思っ

たほどです。
しかし振り返ってみれば、経験したことはすべて私の人生において意味のあることにつながっています。後悔するどころか、「行動してよかった！」と心から思っているのです。

今までやってきたことにもしチャレンジしていなかったら……。いつも人の目を気にしてやりたいこともやらず、「自宅は一生持てないかもしれない」とぼやき、それを「こんな社会だから仕方ないよね」と、社会やまわりのせいにして自分を慰め、何かあっても「やっぱり私には無理」と言い、泣き言を言っている私のままだったかもしれません。

今、私のまわりには、少しでも人生を良くしようとリスクを取ってがんばっている素晴らしい人たちが数多くいます。また、著者になったことで、著者や編集者の友人・知人も増えました。それぞれ独自の世界観を持っているため話を聞くのが楽しいですし、雑誌や新聞やテレビで彼らの活躍を見ると、自分ももっとがんばらなくては、と思います。これも、勇気を持って行動したご褒美かな、と思っています。

つらかったことも吐露しましたので、「それはどうなの？」と思われるかもしれませんが、今は、つらいことがあってよかったと思っています。「苦労は買ってでもしろ」という言葉がありますが、苦労があるとしても、それを上回るものが得られるのです。

あなたも恐れず、ぜひいろいろとチャレンジしてほしいと願っています。

おわりに

以前ホテルの高級店で、伊勢海老や高級肉の鉄板焼きをごちそうしていただいたことがあります。

高級食材に囲まれて出てきたもやしを一口食べた私は、その美味しさのあまりテンションが上がって、「もやしが一番好きかもしれない」と言ってしまいました。一緒にいた方たちが大変驚かれたのは、言うまでもありません。

私は今、「好きなもの」を基準に生きています。これは、ある程度お金を手に入れたからこそできることかもしれません。まわりに気を遣わず「好きなもの」を口にし、生きる「自由」を手に入れたことは、私にとって重要な意味を持っています。

私のように、お金で泣くような思いを絶対にしてほしくない。
私のように、お金で困るような思いを絶対にしてほしくない。

この本はこのような想いで作りました。一人でも多くの方に、私が学んできたユダヤ人富豪の「お金持ちの習慣」を実践していただけたら幸いです。

また最近、少しでもお役に立てたらと、お金について話す場を提供し始めました。提案したことをすぐに実践してくださった方が、さっそく大きなお金を得ることに成功していました。行動できる人はすごいと、改めて思ったものです。そのような仲間ができると、お金の知識も増え、楽しくお金に向き合えるのでおすすめです。ぜひ、ご家族やご友人と思い切ってお金の話をしてみてください。そしてもしよろしければ、ぜひ私のオフィシャルサイトからメッセージをお送りください。大切に拝読したいと思います。

最後に、良書となるよう、いつも私の強みや魅力を引き出そうと尽力してくださり、この本の編集を粘り強くしてくださった大島永理乃さんにお礼を申し上げます。

2013年6月29日

星野陽子

参考文献

『金持ち父さん貧乏父さん』（ロバート・キヨサキ、シャロン・レクター著、白根美保子訳、筑摩書房）
『不動産投資の学校【入門編】』（日本ファイナンシャルアカデミー編著、ダイヤモンド社）
『株式投資の学校【入門編】』（ファイナンシャルアカデミー編著、ダイヤモンド社）
『ユダヤ商法』（マーヴィン・トケイヤー著、加瀬英明訳、日本経営合理化協会出版局）
『ユダヤ人の成功哲学「タルムード」金言集』（石角完爾著、集英社）
『ユダヤ人の発想』（マーヴィン・トケイヤー著、加瀬英明訳、徳間書店）
『ユダヤ五〇〇〇年の知恵』（マーヴィン・トケイヤー著、加瀬英明訳、講談社）
『Pen　2012年3月1日号』（阪急コミュニケーションズ）
『古代ユダヤ賢人の言葉』（石井希尚編訳、ディスカヴァー・トゥエンティワン）
『ユダヤ人が教える正しい頭脳の鍛え方』（エラン・カッツ著、母袋夏生・阿部望訳、角川書店）
『アニマル・シンキング「思考グセ」からの脱却法』（ベラ・ブライヘル、サリー・バルエル著、桑畑英紀監修、小河祐子翻訳、英治出版）
『エリヤフ・ゴールドラット　何が、会社の目的を妨げるのか』（ラミ・ゴールドラット、岸良裕司監修、ダイヤモンド社）
『奇跡の記憶術～脳を活かす奇跡の「メタ記憶」勉強法』（出口汪著、フォレスト出版）

星野陽子　（ほしの・ようこ）

不動産投資家。フリーの特許翻訳者。東京都生まれ。
結婚するまで妹と四畳半一間の生活を送る。短大卒業後、制御機器メーカーに就職。「５％だけ余分に努力すること」を心がけた結果、女子事務員の中で一番高い給料を得る。その後、女性が活躍できる職場を求め、シティバンクに転職。窓口業務に携わる。きめ細かな対応が評価され、サービス優秀賞を受賞する。その後、窓口で対応中に知り合ったユダヤ人と結婚。テレビなし、エアコンなしの部屋で、月 10 万円の生活を送る（家賃７万円）。「いかに賢く立ち回るか」を叩き込まれ、ユダヤのノウハウを身につけ、徐々に貯金できるようになる。資産家の義父や様々なお金の専門家をメンターとして仰ぎ、2002 年より不動産投資の勉強を始める。2003 年、都内にワンルームを現金 440 万円で購入したのを皮切りに、2004 年、オフィス兼自宅の一戸建てを購入。競売物件にも挑戦するが落札できず、また、マンション一棟の購入にもトライするが、銀行では門前払いという日が続く。その後、不動産投資家のメンターからのアドバイスを得、2008 年、５階建てのマンション購入に成功（約３億円）。さらに 2010 年には４階建てのマンションを購入（約３億円）。安定した家賃収入を得る。現在、不動産投資や株式投資などの投資、特許翻訳、執筆活動を稼ぎの３本柱にしつつ、約 20 年に及ぶユダヤ人たちとのつきあいなどを通してユダヤ式成功術を研究している。２児の母。

星野陽子オフィシャルサイト
http://hoshino-yoko.com/

装丁　小松学（エヌワイアソシエイツ）
写真　(c)daj/amanaimages
組版　横内俊彦

ユダヤ人大富豪に学ぶ　**お金持ちの習慣**

2013年8月6日　初版発行
2013年8月9日　2刷発行

著　者　星野陽子
発行者　野村直克
発行所　総合法令出版株式会社
〒107-0052　東京都港区赤坂1-9-15 日本自転車会館2号館7階
電話　03-3584-9821（代）
振替　00140-0-69059

印刷・製本　中央精版印刷株式会社

落丁・乱丁本はお取替えいたします。

ISBN 978-4-86280-367-2

総合法令出版ホームページ　http://www.horei.com/